Nathalie Dieterlé

Zékéyé

à l'école

hachette
JEUNESSE

À Sophie et Valentin

43, quai de Grenelle - 75015 Paris
Dépôt légal : août 2012 – Édition 01
Loi n° 49-956 du 16 juillet 1949 sur les publications destinées à la jeunesse.
Imprimé par Pollina en France. Achevé d'imprimer en août 2012. L61201.

Il était une fois, en Afrique, un petit garçon qui s'appelait Zékéyé. Zékéyé était tout petit. Il était plus petit que sa sœur Ititi, plus petit que le singe de Cocodi, plus petit même que le plus petit des arbustes.

Ce soir-là, Zékéyé s'est couché tôt. Le voilà presque endormi, sa maman est près de lui. « Écoute-moi bien, lui dit-elle, tu es grand maintenant. Demain, j'aimerais que tu ailles tout seul à l'école. Dors bien et que tes rêves soient doux, mon petit bambou ! »

Comme tous les matins quand il y a classe, Zékéyé se lève très tôt. L'école est à deux bonnes heures de marche. Il fait encore nuit. Il prépare ses affaires.

Vite ! Vite ! Maman le conduit sur la route. « Tu vois, c'est très simple, il suffit de suivre ce chemin. Sois sage et travaille bien ! Au revoir et à plus tard, mon petit roseau. »

Mais au coin de la rue, juste à la sortie du village, assise sur un vieux tabouret, mamie Bambou l'attend. Elle lui met une petite touche de poudre rouge sur le front pour écarter les mauvais esprits, et gravement lui dit : « Surtout, mon petit Zékéyé, ne quitte pas la route, ne parle à personne dans la dangereuse savane et ne t'arrête nulle part !

Tu as bien compris ? Allez, ne sois pas en retard, au revoir et à ce soir, mon petit grigri. »

Zékéyé pense très fort à ce que lui a dit mamie Bambou, il suit bien le chemin. Il fait un peu froid, il presse le pas.

Tout à coup, bing ! bang ! Il est bombardé de noix de coco. C'est Kiki, Boba et Loulou, trois drôles de petits singes, qui le narguent du haut d'un gros baobab.

« Ils vont voir ce qu'ils vont voir ! » se dit Zékéyé.
Il grimpe sur l'arbre et les voilà bientôt
qui jouent à singe perché, noix de coco prisonnier,
et qui a peur des méchants gorilles ?

D'arbre en arbre, de jeu en jeu, le chemin est de plus
en plus loin derrière eux.

« Allons, allons, les enfants ! appelle maman singe.
Le jour n'est même pas levé, retournez vous coucher ! »
Les trois petits singes cabriolent jusqu'à elle.
Zékéyé les suit. Comme il est très fatigué,
il se blottit contre maman singe et s'assoupit.

Soudain, il se réveille en sursaut. Il est en retard pour l'école et il est complètement perdu.
« Je n'aurais pas dû quitter le chemin »,
se dit-il. Et il se met à pleurer...

« Calme-toi », dit maman singe en souriant et en le ramenant sur la bonne route.
« Voilà trois noix de coco pour ta maman en cadeau. Dépêche-toi et à très bientôt. »

Et Zékéyé reprend d'un pas pressé le chemin de l'école.
Il arrive en vue de la dangereuse savane.

« Zékéyé, Zékéyé,
persiflent d'étranges voix
derrière les herbes.
Viens ! Viens ! On va te
donner des bonbons à
la goyave et de la canne
à sucre au chocolat. »
Zékéyé se rappelle que
mamie Bambou lui a dit
de ne parler à personne
dans la savane. Mais
quand même, il a très envie
de bonbons à la goyave
et de canne à sucre au chocolat.

Zékéyé hésite un
peu. Il glisse un
pied, puis deux.

« Dépêche-toi, Zékéyé,
dépêche-toi ! Sinon
on va tout manger ! »
insistent les voix.

Zékéyé avance encore.
Il s'enfonce dans les herbes.
De drôles de formes apparaissent.

Horreur ! Quatre terribles serpents se dressent et l'encerclent, prêts à le mordre.

Mais d'un mouvement vif, Zékéyé leur échappe et s'enfuit de la savane.

« Ouf, je l'ai échappé belle ! J'aurais dû écouter mamie Bambou... » Une peau de serpent barre le chemin. « Je vais la garder pour me souvenir du danger et l'offrir à mon papa », pense Zékéyé.

Le jour se lève. « Ouh ! là ! là ! qu'est-ce que je suis en retard ! » Et il reprend le chemin de l'école. Soudain, suspendues à un arbre, il aperçoit de grosses cages en bois. De splendides oiseaux multicolores s'y trouvent prisonniers.

« Au secours ! Au secours ! Sauve-nous !
– Je n'ai pas le temps », répond Zékéyé en se souvenant cette fois que mamie Bambou lui a dit de ne surtout pas s'arrêter.

« Zékéyé, délivre-nous ! » supplient les oiseaux.
Malgré le tintamarre, le chasseur qui les a capturés est profondément assoupi sous l'arbre.

N'écoutant que son cœur, Zékéyé grimpe dans les branches. Il dénoue les cordes des cages qui se trouvent au-dessus du chasseur. Elles tombent sur l'homme et l'assomment.

Zékéyé libère les autres oiseaux.
« Hourra ! Merci ! s'exclament-ils. Voici des présents. »
Et ils s'envolent en laissant s'échapper cinq
magnifiques plumes qui virevoltent jusqu'à Zékéyé.

« Qu'elles sont belles ! Je les offrirai à ma sœur Lila », décide Zékéyé en les mettant dans son sac.

Le jour maintenant est tout à fait levé.
« Oh ! là ! là ! cette fois je suis vraiment trop en retard ! » se lamente-t-il. Il s'assied au bord du chemin et se met à sangloter.

« Taratata, pas de ça ! » grondent deux beaux oiseaux en l'attrapant par le pagne.

En deux trois coups d'aile, Zékéyé se trouve transporté juste devant l'école. La cour est déserte. La classe a commencé.

Zékéyé frappe à la porte et entre.
Tout le monde le regarde.
Monsieur Koutoulou est très en colère !

« Zékéyé, pour ta peine, c'est toi qui vas venir faire cette addition », dit-il avec un regard sévère.
Sur le tableau est écrit : 3 + 1 + 5 =
« Eh bien ! J'attends ! » gronde le maître.
La classe entière retient son souffle.

Zékéyé s'avance et réfléchit : « Trois noix de coco pour ma maman, plus une peau de serpent pour mon papa, plus cinq plumes d'oiseaux pour ma sœur Lila : dans mon sac j'ai neuf beaux cadeaux », pense-t-il.

Et il écrit bien gros le chiffre 9 au tableau.

« Bravo, Zékéyé, tu t'en es bien sorti ! Je suis fier de toi ! » s'exclame monsieur Koutoulou aussitôt radouci. Et la classe entière applaudit.

Enfin la journée s'achève. Tout le monde
retourne chez soi. Zékéyé reprend seul
le chemin qui mène à sa maison.

Cette fois, il ne s'arrête pas en route. Il a hâte de rentrer. Bientôt il distingue les premières cases du village. Au bord du chemin, il aperçoit mamie Bambou qui l'attend, assise sur son vieux tabouret. Il a tant de choses à lui raconter...

Remerciements

L'éditeur remercie **Bergère de France** qui a gracieusement fourni les tricotins et l'ensemble des fils utilisés pour la réalisation des modèles.

www.bergeredefrance.fr

Bergère de france
55020 Bar-Le-Duc Cedex
Service commandes : 03 29 79 36 66

Merci également à Loulou Addict, 25, rue Keller, 75011 Paris, 01 49 29 00 61 pour ses belles tasses.

Direction éditoriale : Christophe Savouré
Édition : Christine Hooghe
Direction de création : Laurent Quellet
Direction artistique : Julie Pauwels
Maquette : Claude Poirier
Illustrations : Corédoc-Laurent Blondel
Stylisme : Sophie Mutterer
Mannequins : Mathilde Gargadennec et Marie Varenne
Fabrication : Marie Cheneval

Photogravure : Turquoise
Imprimé par Pollina en France - L47384
ISBN : 978-2-215-09572-9
1re édition – n°94022
Dépôt légal : août 2008

15-27, rue Moussorgski
75895 Paris cedex 18

TINE TARA

CRÉATIONS EN TRICOTIN GÉANT

PHOTOGRAPHIES : CLAIRE CURT

FLEURUS
www.editionsfleurus.com

SOMMAIRE

Matériel et conseils

Les tricotins géants

Dérivés des tricotins à quatre picots pour enfants, on trouve aujourd'hui des tricotins géants de toutes sortes. Les modèles « looms » droits ou ronds en plastique, utilisés pour les ouvrages de ce livre sont d'un prix abordable. Ils sont le plus souvent vendus par séries de différentes tailles. Ils permettent ainsi de réaliser des pièces de diverses largeurs, contrairement aux modèles mécaniques qui obligent à tricoter sur un nombre de mailles fixe.

Chaque tricotin est constitué d'un socle et de picots. Un picot est égal à une maille de l'ouvrage. Sur les tricotins en plastique, les picots présentent une gouttière permettant de prendre les mailles plus facilement. Un picot supplémentaire sur l'extérieur sert à attacher le fil lorsqu'on débute l'ouvrage.

Le choix du modèle de tricotin est fonction du nombre de picots nécessaires à la réalisation de chaque ouvrage.

Les techniques utilisées dans ce livre sont identiques sur les tricotins ronds et les tricotins droits.

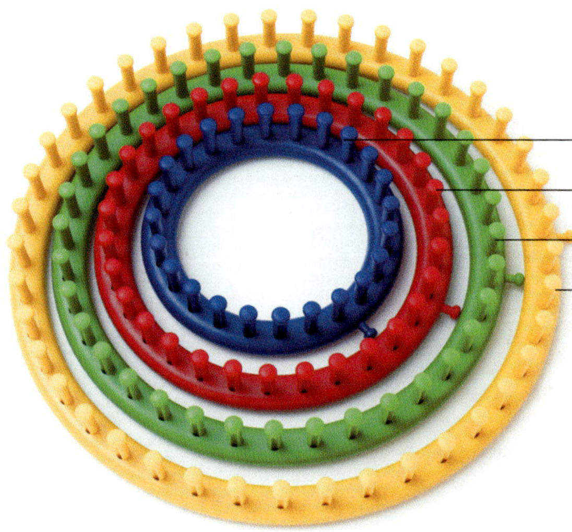

Le matériel complémentaire

Un crochet spécial tricotin
Fourni généralement avec les tricotins, ce crochet présente une pointe longue pour attraper les mailles. Il est plus pratique qu'un crochet traditionnel.

Un crochet n° 3,5
Il vous servira à fermer les mailles d'un ouvrage et pour certaines finitions.

Une aiguille à laine
Indispensable pour assembler vos ouvrages ou pour passer un fil dans les mailles, elle est parfois fournie avec les tricotins.

Une paire de ciseaux
Choisissez de préférence une paire de ciseaux réservée aux travaux d'aiguilles.

Un mètre ruban
Pour mesurer l'évolution de votre ouvrage.

Une aiguille à torsades
Appelée aussi aiguille auxiliaire, elle ne vous sera utile que si vous souhaitez expérimenter les torsades (voir page 14).

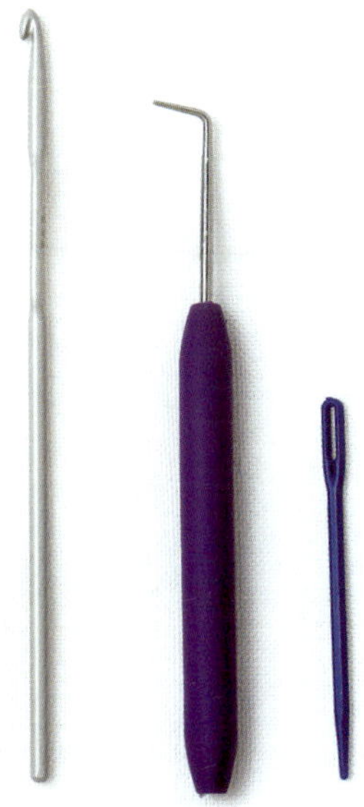

Comment utiliser les tricotins ?

Sur les tricotins ronds comme sur les droits, il est possible de réaliser des pièces de tricot tubulaires ou des pièces à plat. Il suffit pour cela d'adapter la manière de tricoter.

Tricot circulaire
On tricote sur tous les picots dans le sens des aiguilles d'une montre, en tours successifs, jusqu'à obtenir un tube de la hauteur souhaitée.

Tricot ouvert
On travaille en rangs aller et retour sur tous les picots ou une partie seulement. Après le montage des mailles, le premier rang se réalise de gauche à droite, puis le second de droite à gauche. La première maille de chaque rang, constitue une maille lisière (voir page 10).

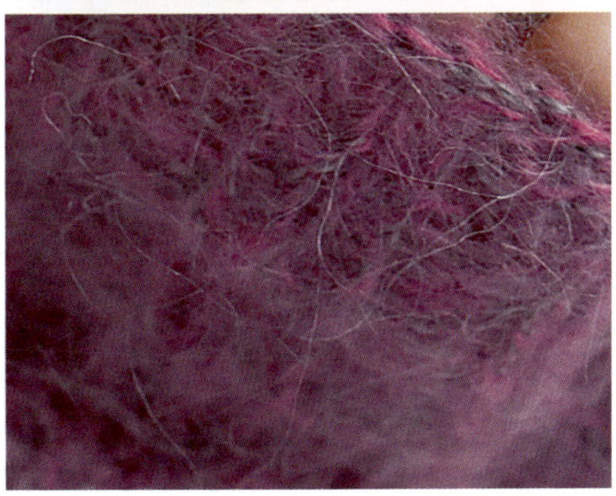

Techniques de base

Choix des fils

Tous les fils peuvent être tricotés sur les tricotins géants. Cependant l'effet obtenu sera très différent d'un type de fil à un autre. Les fils très fins donneront un ouvrage très lâche et une maille légère. Les fils plus épais donneront un ouvrage plus serré.

L'espace entre les picots provoque un « jour échelle » entre deux mailles. Plus le fil sera fin, plus ce jour sera accentué, et inversement avec un fil plus épais.

Certains fils fantaisie ou peu élastiques se tricotent moins facilement que les fils classiques.

Chaque réalisation de ce livre est accompagnée d'une description précise du fil utilisé afin de vous permettre de trouver un fil approchant.

Avant d'entreprendre une réalisation, n'hésitez pas à commencer par un échantillon. Vous pourrez ainsi juger l'aspect de la maille.

Monter les mailles

Travail dans le sens des aiguilles d'une montre.

1. Faites un nœud coulant et accrochez-le sur le picot extérieur.

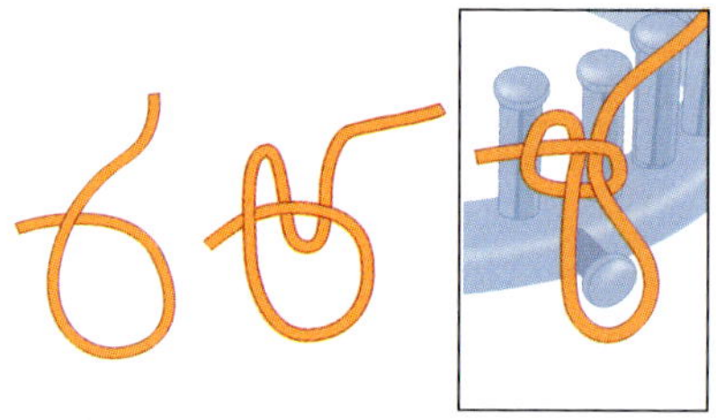

2. Passez le fil entre le dernier et le premier picot, vers le centre du tricotin. Enroulez le fil autour du premier picot. Le fil forme un croisement à l'arrière du picot.

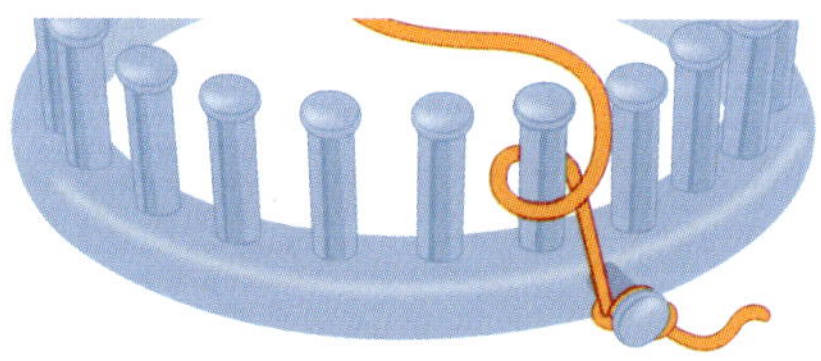

3. De la même manière, formez des boucles autour de tous les autres picots.

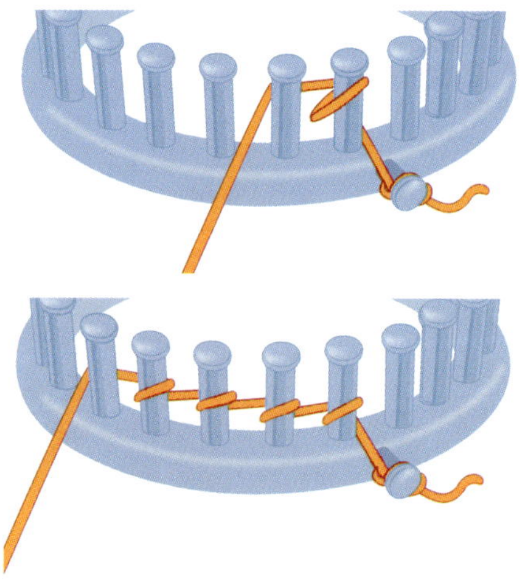

Maille endroit

Travail dans le sens des aiguilles d'une montre ou dans le sens inverse des aiguilles d'une montre.

1. Placez le fil au-dessus de la maille du picot.

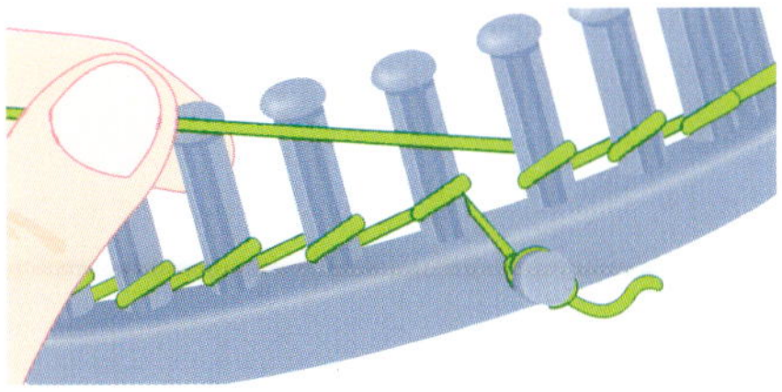

2. Glissez le crochet spécial dans la maille, de bas en haut. Attrapez le fil avec le crochet et ramenez-le à travers la maille.

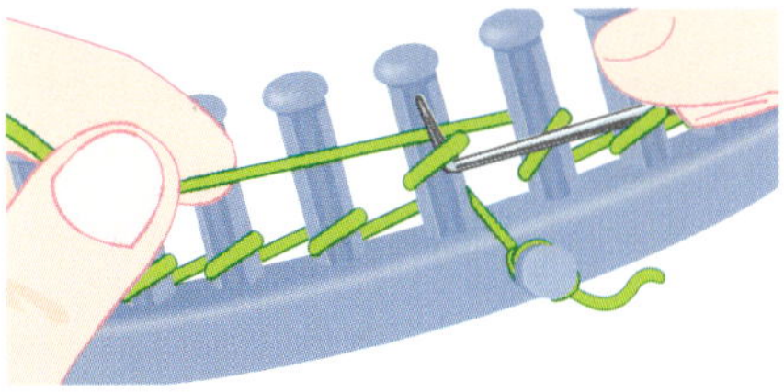

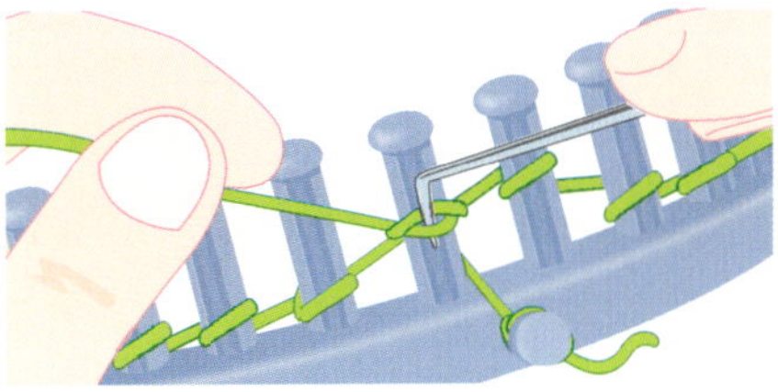

3. En maintenant la nouvelle maille, sortez l'ancienne maille du picot.

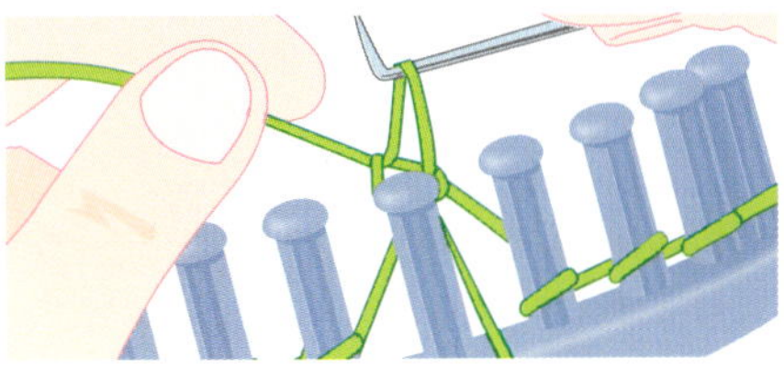

4. Remettez la nouvelle maille sur le picot.

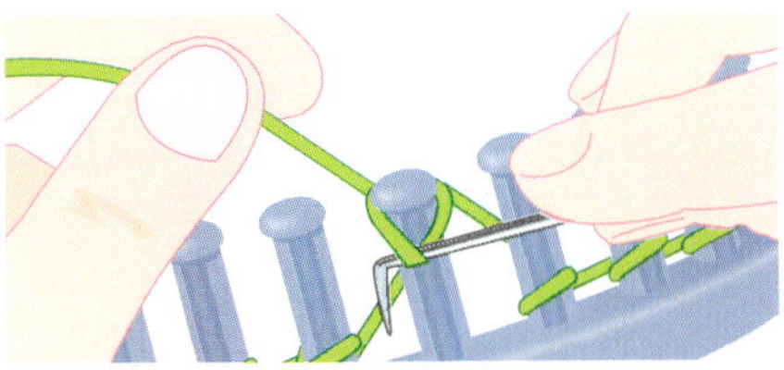

Maille envers

Travail dans le sens des aiguilles d'une montre ou dans le sens inverse des aiguilles d'une montre.

1. Placez le fil au-dessous de la maille du picot.

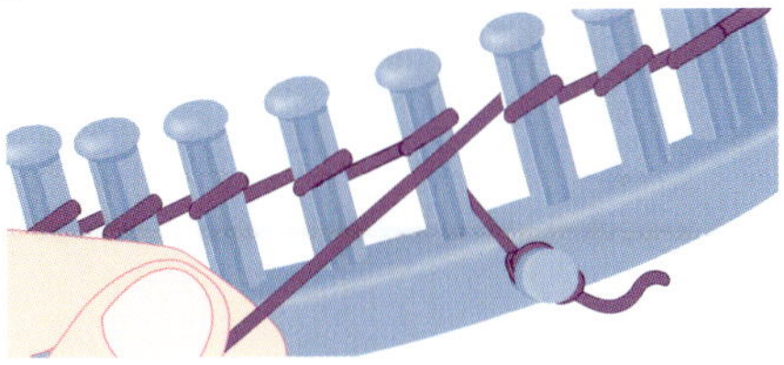

2. Glissez le crochet spécial dans la maille, de haut en bas. Attrapez le fil avec le crochet et ramenez-le à travers la maille.

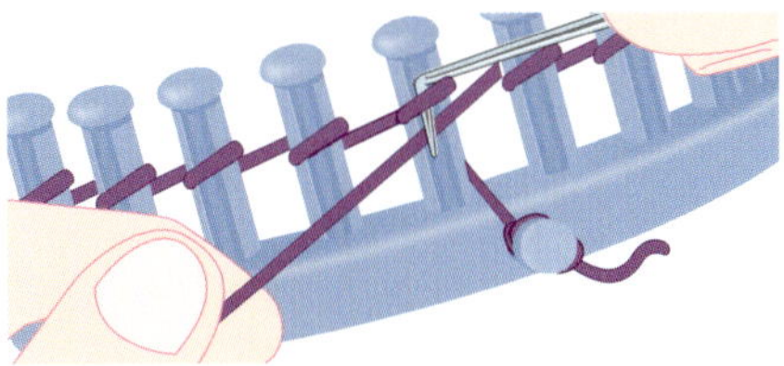

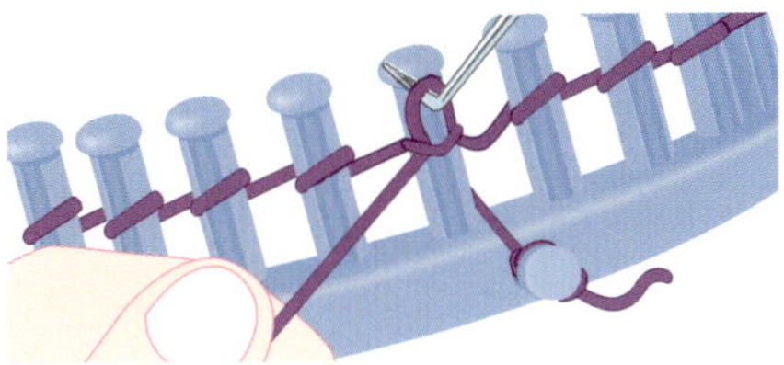

3. En maintenant la nouvelle maille, sortez l'ancienne maille du picot.

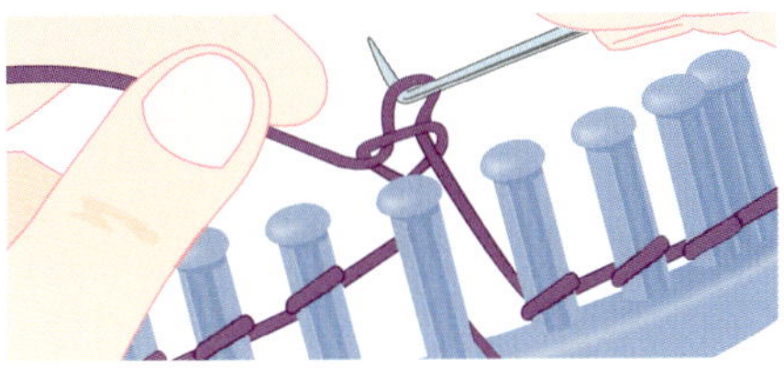

4. Remettez la nouvelle maille sur le picot.

Point jersey

Ce point se réalise en tricot circulaire ou en rang allers et retours, en formant uniquement des mailles endroit.

Point mousse

Ce point s'obtient en alternant un rang ou un tour de mailles endroit et un rang ou un tour de mailles envers.

Changer de couleur

Coupez le fil en laissant une longueur. Amenez le nouveau fil de l'intérieur du tricotin vers l'extérieur, puis travaillez comme d'habitude.

Tour de main
Sortir la maille du tour ou du rang précédant est un coup de main qui s'acquiert rapidement. Cela donne des mailles régulières et un travail souple.

Maille endroit torse à gauche

Travail dans le sens des aiguilles d'une montre.

1. Enroulez le fil comme pour le montage des mailles. Pour travailler plus rapidement et selon votre dextérité, vous pouvez réaliser des boucles sur plusieurs picots avant de les tricoter.

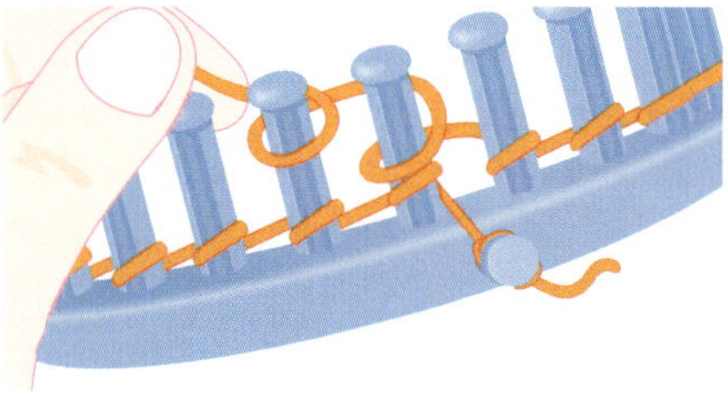

2. Avec le crochet spécial, passez la première maille de chaque picot par-dessus la boucle. Une nouvelle maille est formée.

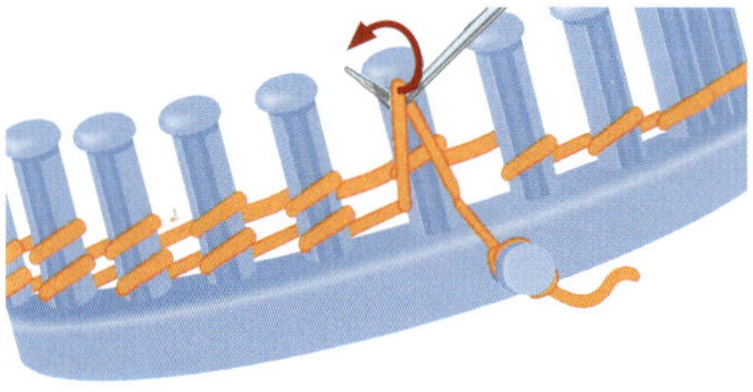

Maille endroit torse à droite

Travail dans le sens inverse des aiguilles d'une montre.

1. Enroulez le fil comme pour le montage des mailles, mais en tournant autour des picots en sens inverse. Le fil forme un croisement à l'arrière du picot.
Si vous travaillez en tricot ouvert, réalisez une maille lisière sur le premier picot.

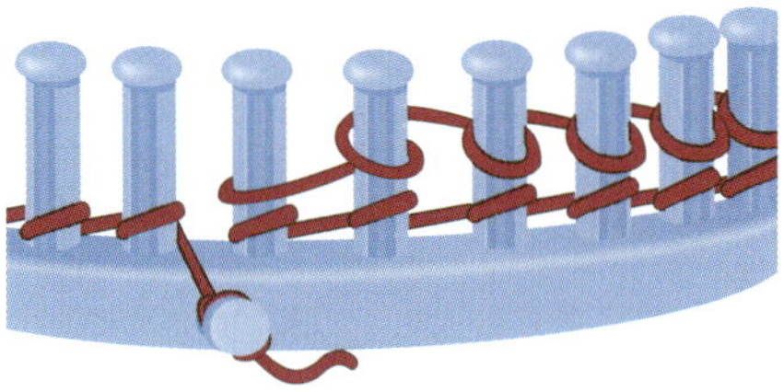

2. Avec le crochet spécial, passez la première maille de chaque picot par-dessus la boucle. Une nouvelle maille est formée.

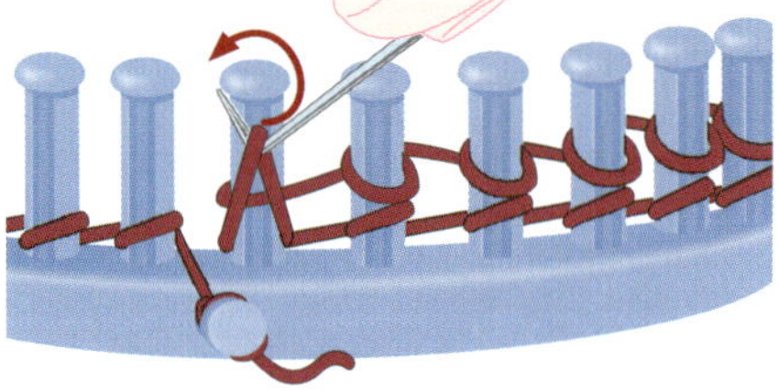

Mailles torses en tricot circulaire

En enchaînant des tours de mailles endroit torses à droite ou à gauche, on obtient des V qui forment des lignes obliques. Au cours du tricot, on peut changer de sens et passer de la maille torse à gauche à la maille torse à droite, pour inverser les obliques.

Mailles lisières en tricot ouvert

Quel que soit le point utilisé, le fil doit toujours passer devant le premier picot, dans le sens du rang, pour tricoter la première maille. En mailles endroit ou en mailles envers, on procède comme d'habitude.
En mailles endroit torses à droite ou à gauche, on place le fil au-dessus de la maille précédente, puis on sort cette dernière du picot en la passant par-dessus le fil.

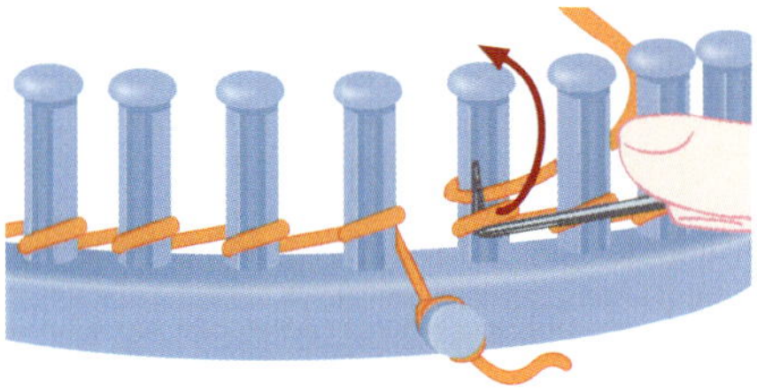

Augmentations et diminutions

Les augmentations et les diminutions sont possibles en tricot ouvert et se réalisent une par une, en lisière. Le principe est le même à droite ou à gauche de la pièce tricotée.

Augmentations

Choisissez un tricotin comportant suffisamment de picots pour le nombre total de mailles.

1. Après la dernière maille du rang, enroulez le fil autour du picot suivant.

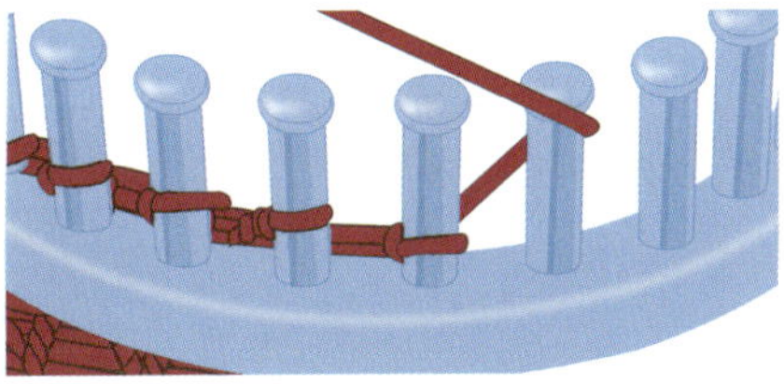

2. Commencez le deuxième rang en tricotant la maille après l'augmentation. Au rang suivant, tricotez la maille augmentée comme les autres.

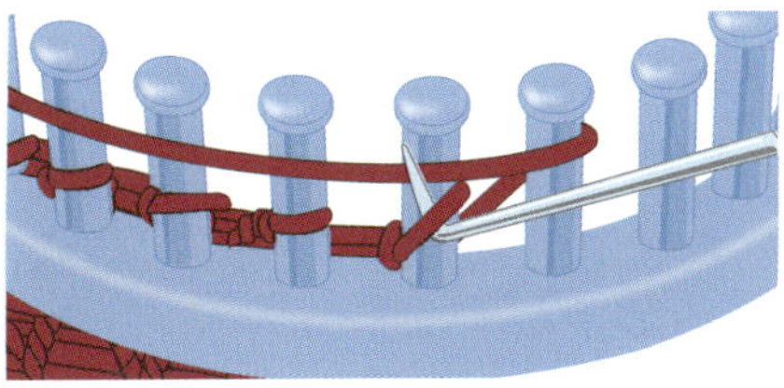

Diminutions

1. Sans la tricoter, sortez la première maille du rang de son picot, puis placez-la sur le picot suivant, au-dessus de la maille existante.

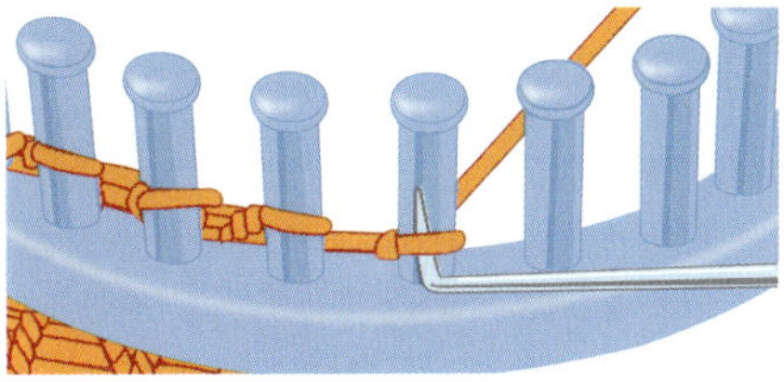

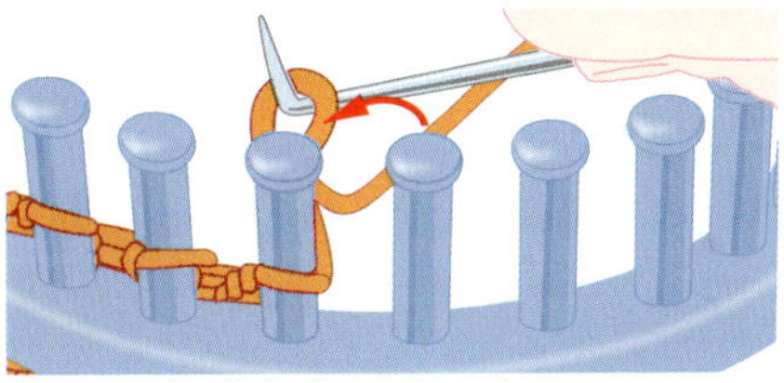

2. Passez la maille inférieure par-dessus l'autre. Continuez le rang sur le picot suivant.

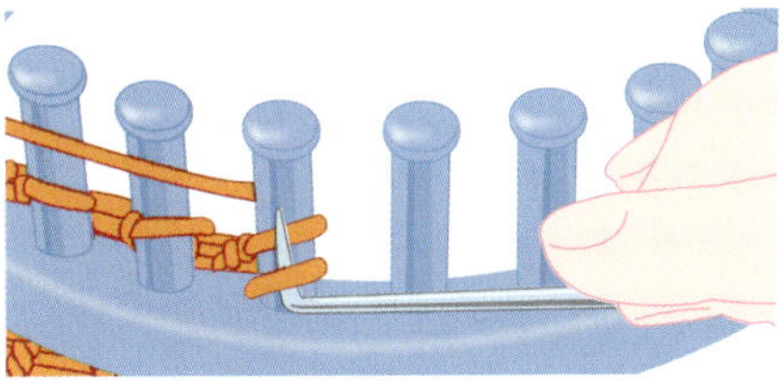

Rangs raccourcis

Le principe des rangs raccourcis est de ne tricoter qu'une partie du rang en cours et de laisser en attente le reste des mailles. Cette méthode est possible en tricot ouvert et circulaire, et permet de « couder » un ouvrage.

En laissant progressivement des mailles en attente, puis en les reprenant au fur et à mesure on réalise une forme coudée.

Points fantaisie

Point de mailles torses contrariées

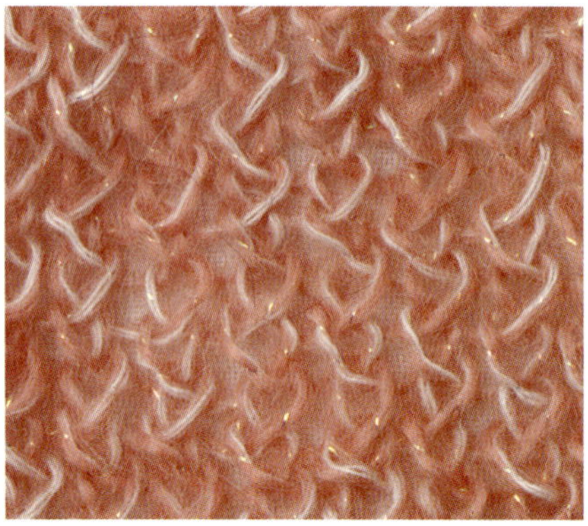

On le réalise en tricot ouvert, en alternant un rang (de gauche à droite) en mailles endroit torses à droite et un rang (de droite à gauche) en mailles endroit torses à gauche.

Point de riz

On alterne une maille endroit et une maille envers. Au rang ou au tour suivant, on tricote une maille envers sur chaque maille endroit, et une maille endroit sur chaque maille envers. En tricot circulaire, un nombre de mailles impair est nécessaire. En tricot ouvert, le nombre de mailles à moins d'importance.

Point d'alvéoles

On peut utiliser ce point en tricot ouvert ou en tricot circulaire. En tricot circulaire, assurez-vous que le tricotin comporte un nombre impair de picots et travaillez dans le sens des aiguilles d'une montre. Lorsque le tricot est ouvert, montez un nombre pair de mailles. Dans ce cas, la première et la dernière maille de chaque rang sont des mailles lisières tricotées à l'endroit (voir page 10).

Ce point est réversible : sur l'endroit du travail, il présente les alvéoles, sur l'envers se dessinent des côtes (écharpe ci-contre).

Rang ou tour 1. Passez le fil devant le premier picot (ici, après la maille lisière car le tricot est ouvert) et au-dessus de la maille existante.

Tricotez la maille suivante à l'endroit torse (vers la droite, si vous tricotez dans le sens inverse des aiguilles d'une montre, vers la gauche, si vous tricotez dans le sens des aiguilles d'une montre).

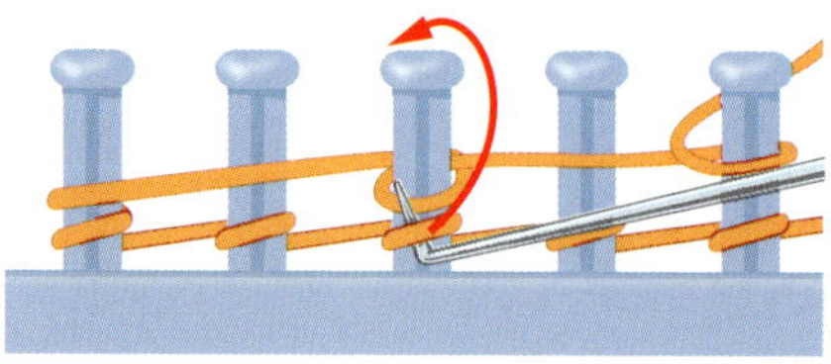

Rang ou tour 2. Passez le fil devant le picot, au-dessus de la maille torse du rang précédent.

Sur le picot suivant, faites une maille endroit torse (vers la droite, si vous tricotez dans le sens inverse des aiguilles d'une montre, vers la gauche, si vous tricotez dans le sens des aiguilles d'une montre), en prenant le fil devant le picot et la maille juste en dessous.

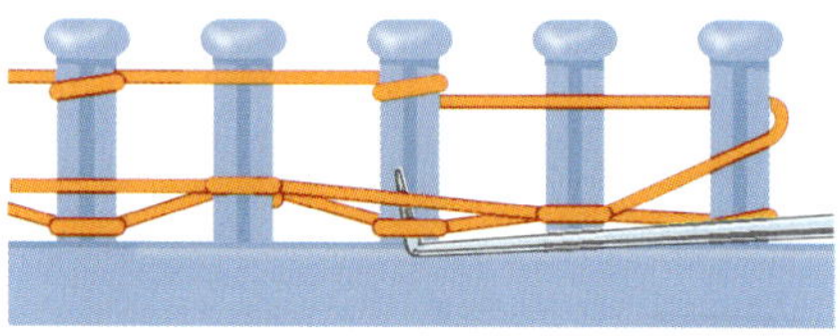

Rangs ou tours suivants. Continuez le point d'alvéoles en procédant toujours de la même manière, comme au rang ou au tour 2.

Quand une maille torse a été tricotée au rang précédent, passez simplement le fil devant le picot. Sur le picot suivant, tricotez une maille torse avec les 2 brins du picot (le fil passé au dernier rang ou tour et la maille torse de l'avant-dernier rang ou tour).

En tricot ouvert, travaillez la maille lisière au début et à la fin de chaque rang en maille endroit.

Terminez toujours un travail au point d'alvéoles par un rang ou un tour complet de mailles endroit.

Côtes 2/2

Un nombre pair de mailles est nécessaire pour réaliser ce point ; en tricot circulaire, il doit aussi être multiple de 4. On alterne simplement 2 mailles endroit et 2 mailles envers. Au tour ou au rang suivant, les mailles sont tricotées comme elles se présentent, c'est-à-dire comme elles étaient tricotées au rang précédent.
Si on ne peut pas monter un nombre de mailles multiple de 4 en tricot circulaire, il est toujours possible de « tricher » en faisant par exemple une côte de 3 mailles endroit, une ou plusieurs fois.

Côtes 1/1

On procède comme pour les côtes 2/2, en alternant une maille endroit et une maille envers, sur un nombre pair de mailles.

Torsade

On réalise la torsade sur 4 mailles endroit en croisant vers la gauche. Pour mieux la faire ressortir, tricotez de préférence en point mousse de part et d'autre. Les torsades sont réalisables aussi bien en tricot circulaire qu'en tricot ouvert. Dans le second cas, le rang où l'on croise les mailles se tricote de droite à gauche.

Selon l'effet recherché, les rangs ou les tours où l'on croise les mailles peuvent être séparés par un nombre variable de tours ou de rangs droits. En tricot ouvert, ce nombre de rangs doit être impair.

1. Passez le fil derrière les 2 premiers picots et revenez devant. Tricotez en maille endroit les 2 mailles suivantes.

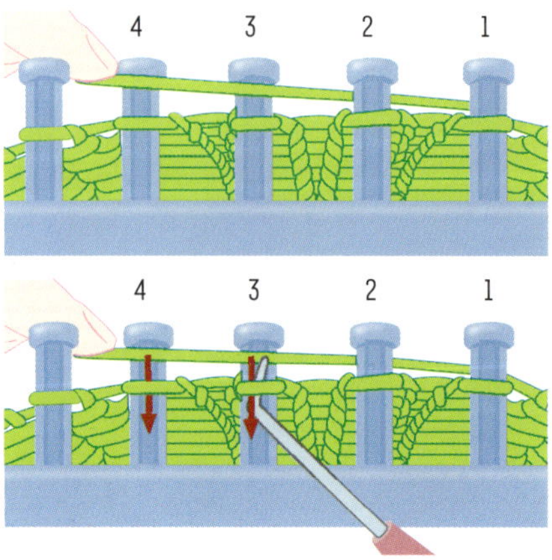

2. Sortez ces 2 mailles en les plaçant sur une aiguille à torsades. Passez le fil devant les 2 mailles de l'aiguille à torsades, derrière les picots de droite puis devant. Tricotez en maille endroit les 2 mailles du rang précédent (1 et 2).

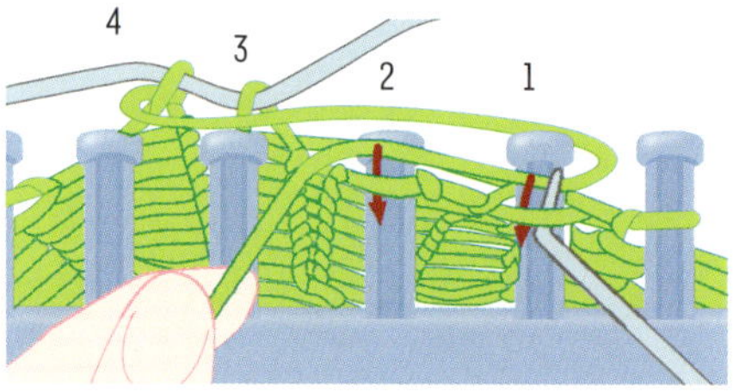

3. Avec le crochet spécial, sortez les 2 mailles de leur picot (1 et 2) pour les placer sur les 2 picots suivants, vers la gauche. Reprenez les mailles de l'aiguille à torsades et placez-les sur les picots précédents. Même si le croisement tire un peu, aidez-vous du crochet spécial pour replacer les mailles.

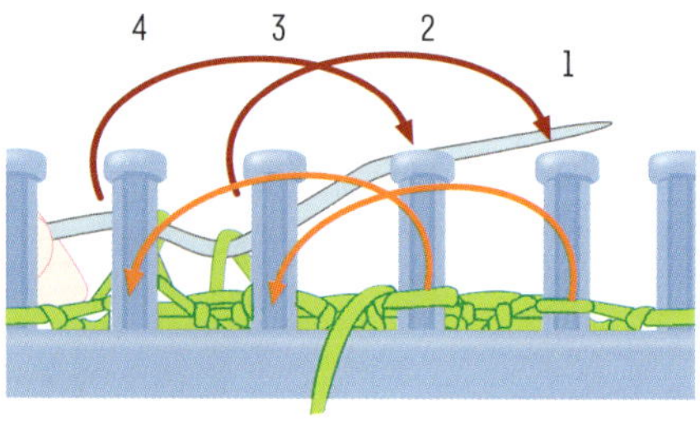

Nope

La nope réalisée pour les modèles de ce livre consiste à tricoter, à partir d'une maille, 3 mailles sur 3 rangs, de manière à créer le volume. Elle se tricote sur des mailles endroit. On peut la réaliser aussi bien en tricot circulaire qu'en tricot ouvert. Dans le second cas, on façonne la nope sur un rang de droite à gauche.

1. Tricotez la maille où vous souhaitez placer la nope, puis enroulez le fil comme pour une augmentation autour du picot de gauche.

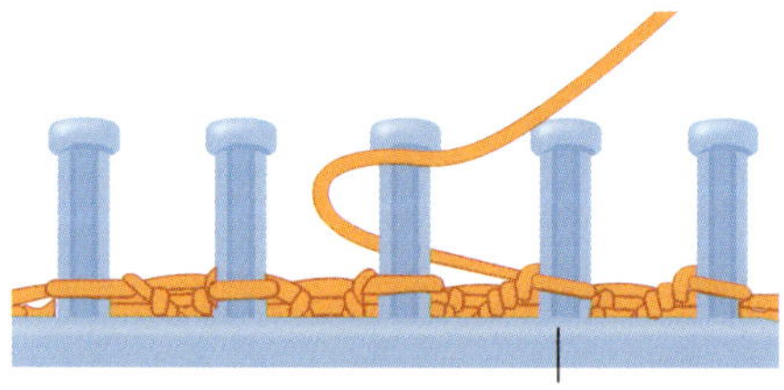

emplacement de la nope

2. Tricotez de nouveau la maille.

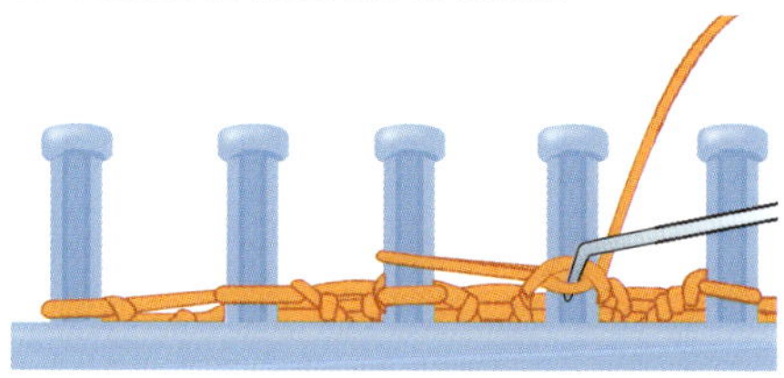

3. Enroulez le fil sur le picot de droite comme pour une augmentation. Tricotez de nouveau la maille centrale, puis celle augmentée à gauche. Tricotez ces 3 mailles sur 3 rangs : on commence et on termine de gauche à droite.

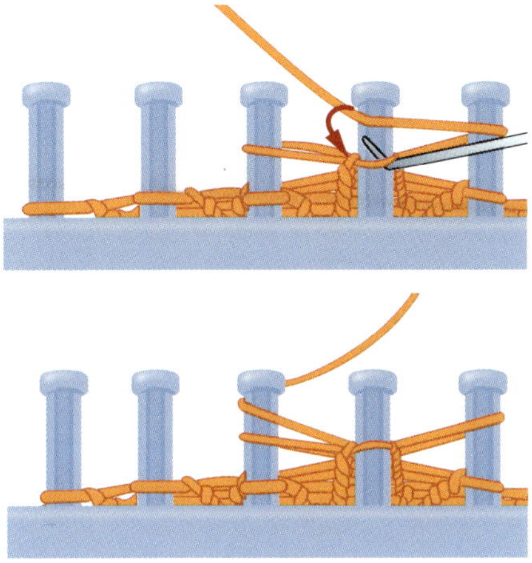

4. Placez les 2 mailles latérales sur le picot central. Passez les 2 mailles de dessous par-dessus la troisième. Poursuivez le rang ou le tour (vers la gauche).

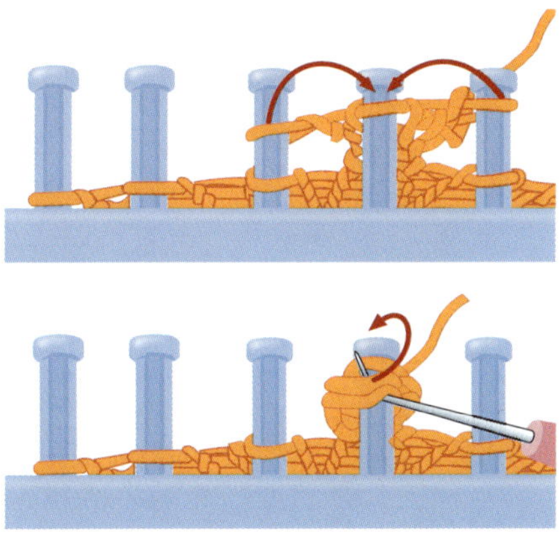

Variante

Pour créer un effet différent, les 3 mailles de la nope peuvent être tricotées sur 5 rangs et en mailles envers.

Jacquard

Il se réalise sur des mailles endroit. Tricotez les mailles suivant les couleurs indiquées sur le diagramme. Un carreau du diagramme est égal à une maille sur l'ouvrage et une rangée à un tour ou à un rang. En tricot circulaire, le diagramme se lit toujours de droite à gauche. En tricot ouvert, on lit un rang dans un sens, un rang dans l'autre.

Pour insérer une nouvelle couleur, placez le début de la pelote au centre du tricotin, puis tricotez la maille normalement.

Aux changements de couleur, croisez les fils entre eux avant de tricoter la maille suivante : au fur et à mesure, les fils croisés forment un tissage à l'arrière de l'ouvrage.

Quand les mailles d'une même couleur sont éloignées, les fils flottants à l'arrière de l'ouvrage sont longs et risquent d'être accrochés. Dans ce cas, ils peuvent être attachés une fois l'ouvrage terminé (voir page 31).

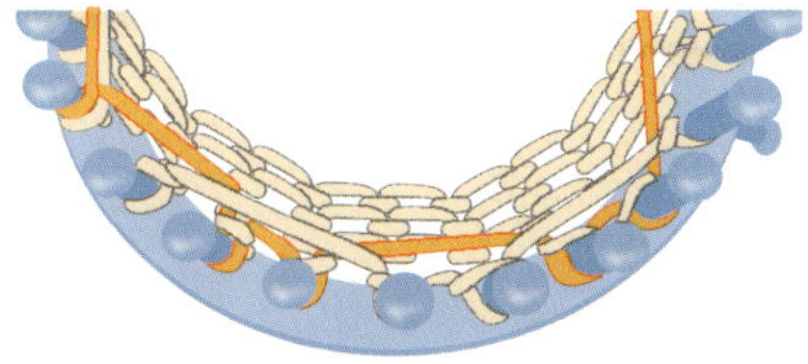

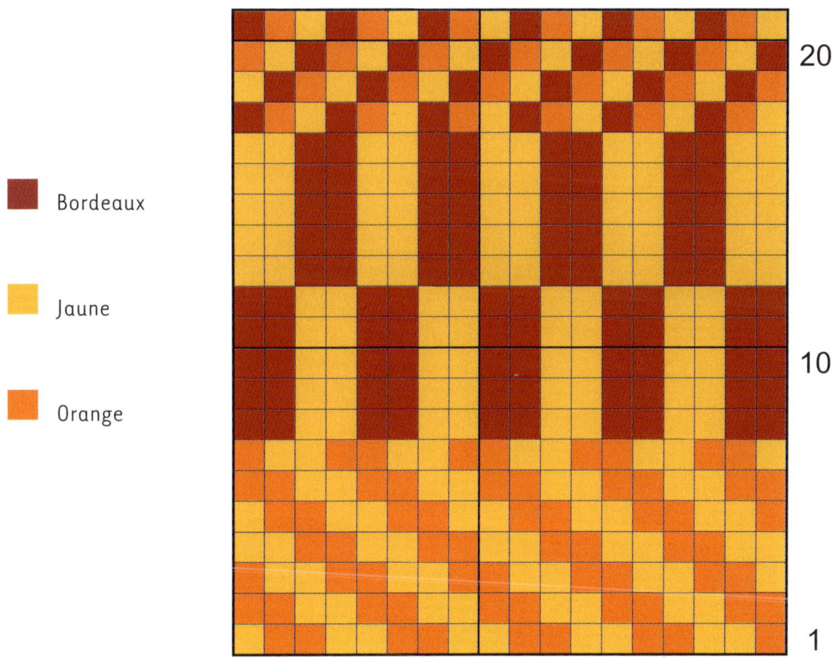

Tresse

1. Fixez le fil sur le picot extérieur. Enroulez le fil en formant un 8 autour des picots les plus proches.

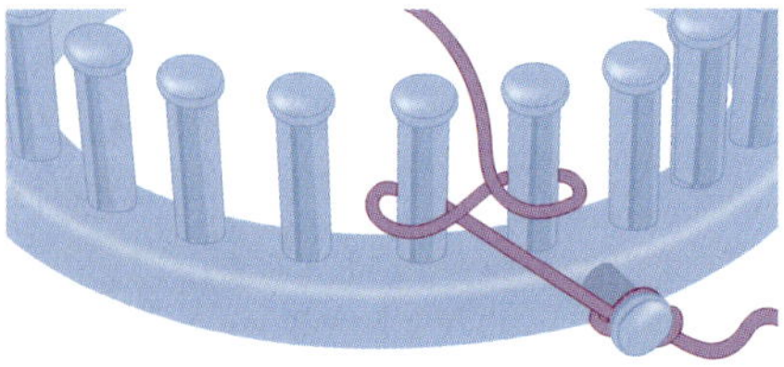

2. Enroulez le fil en décrivant un nouveau 8.

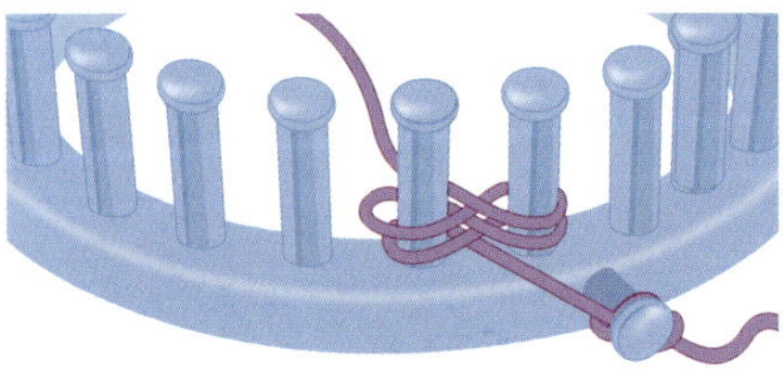

3. Passez le brin inférieur par-dessus le brin supérieur pour chaque picot (on obtient 2 mailles endroit torses).
Répétez les étapes 2 et 3, jusqu'à la bonne longueur.

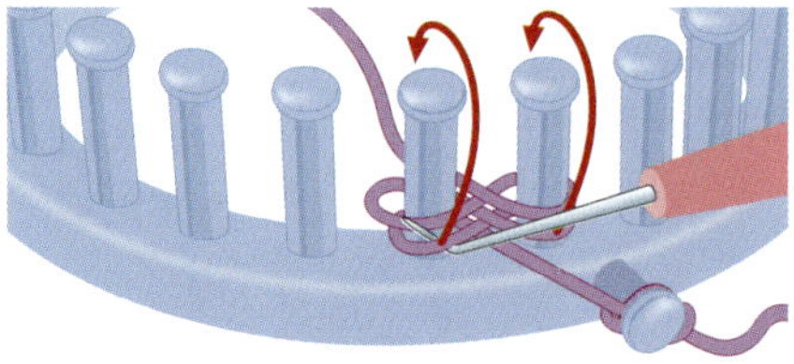

4. Pour arrêter, placez les deux mailles sur le même picot. Passez celle du dessous par-dessus la seconde. Coupez le fil en laissant la longueur nécessaire aux finitions, passez-le dans la dernière maille. Tirez.

Tresse-fourrure

1. Suivez les étapes 1 à 3 de la tresse.

2. Pour former la première boucle de fourrure, tricotez la maille de gauche.

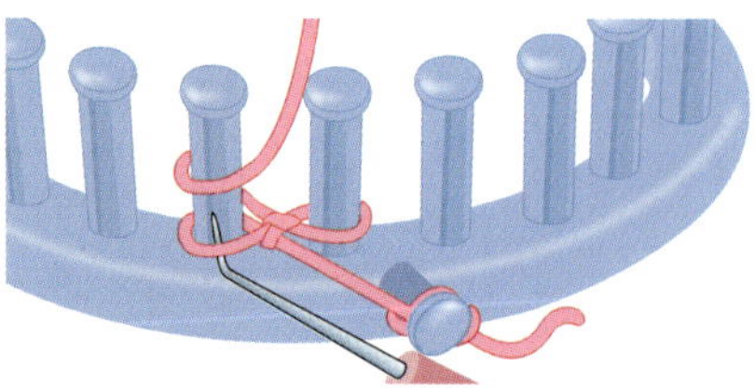

3. Passez le fil derrière le deuxième picot et les 2 suivants et ramenez-le devant.
Tricotez les 2 mailles de la tresse en maille endroit torse sur 1 rang.

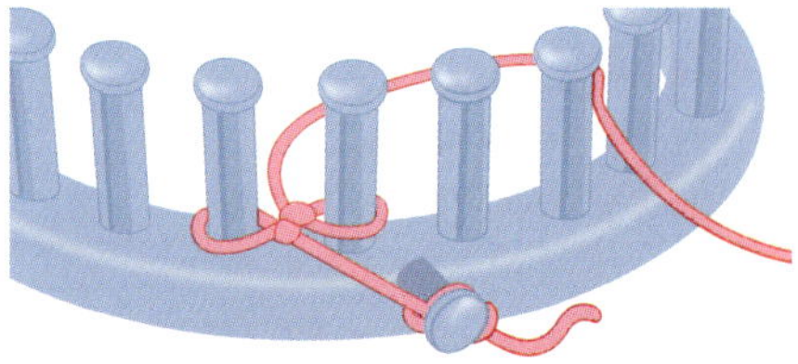

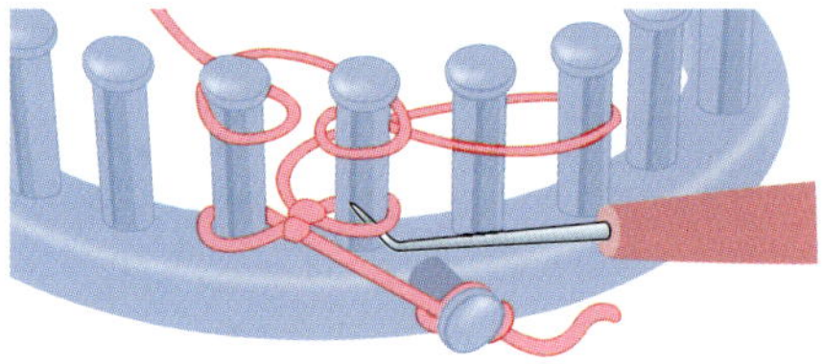

4. Répétez les étapes 2 et 3, jusqu'à la bonne longueur en réalisant les boucles toujours du même côté. Une fois que trois ou quatre boucles sont faites, libérez-les des picots.

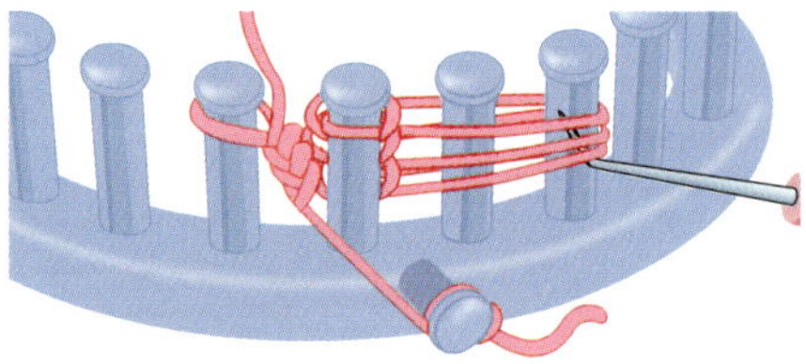

5. Arrêtez en suivant l'étape 4 de la tresse.

Variantes

Selon la longueur des boucles que vous souhaitez, vous pouvez enrouler le fil sur 1 à 5 picots. Vous pouvez également réaliser des boucles de chaque côté de la tresse.

Fleurs

1. Faites un nœud coulant sur le picot extérieur du tricotin. Passez le fil entre les deux picots les plus proches, puis enroulez-le autour du picot opposé. En décalant d'un picot, enroulez de nouveau le fil à l'opposé, de manière à former un 8. Continuez en décalant à chaque fois d'un picot pour réaliser tous les pétales.

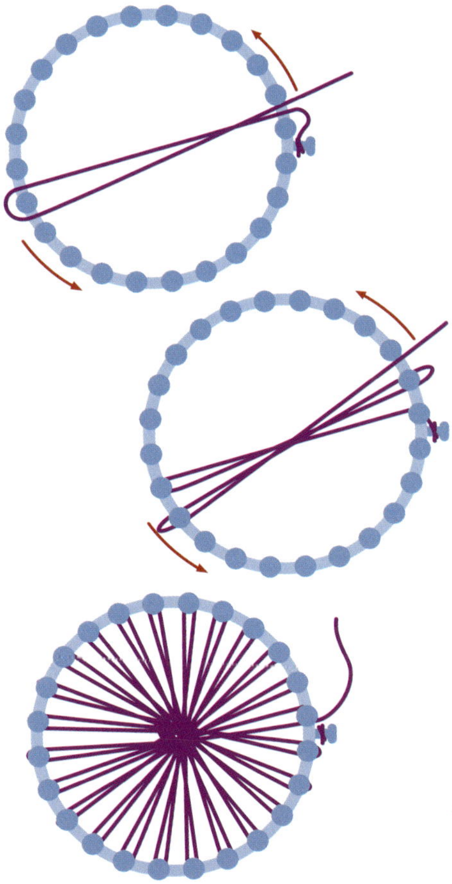

2. Lorsque tous les picots sont entourés, faites un tour comme pour monter les mailles.

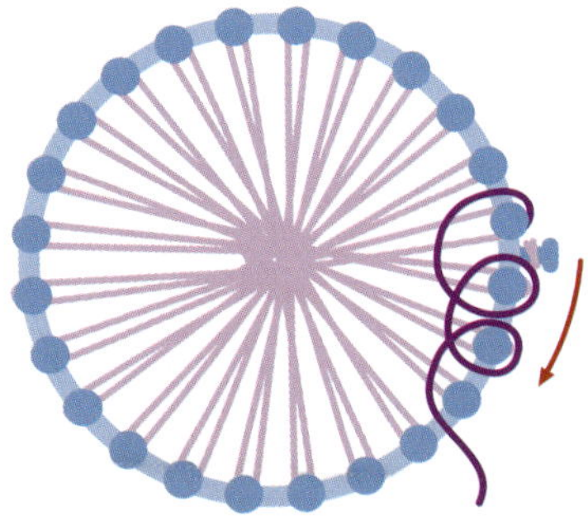

3. Répétez les étapes 1 et 2 : il y a 4 brins de fil sur chaque picot. Passez les 3 brins inférieurs par-dessus le quatrième. Coupez le fil de la pelote en gardant une longueur équivalant à 2 fois le tour du tricotin environ.

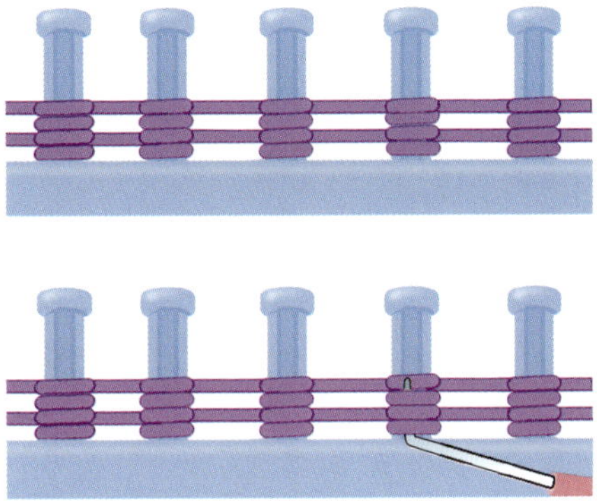

4. Avec une aiguillée du même fil, formez le cœur de la fleur en maintenant les pétales au centre par une couture au point arrière. Nouez les fils sur l'envers.

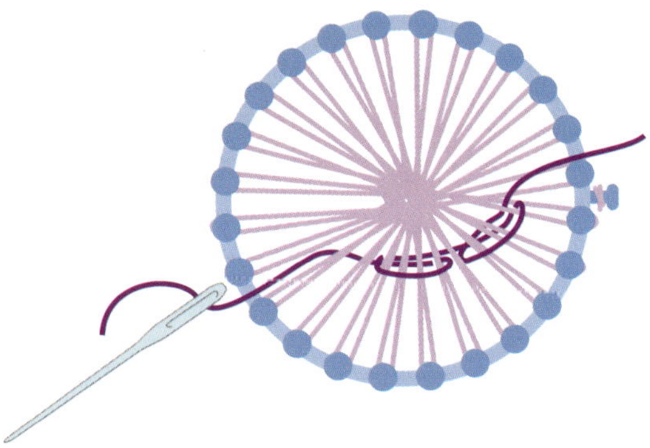

5. Passez le fil laissé en attente dans chaque maille à l'aide de l'aiguille à laine. Sortez la fleur du tricotin. Nouez les extrémités du fil et rentrez-les. Les mailles ainsi maintenues, pourront être assemblées avec les mailles d'une autre fleur.

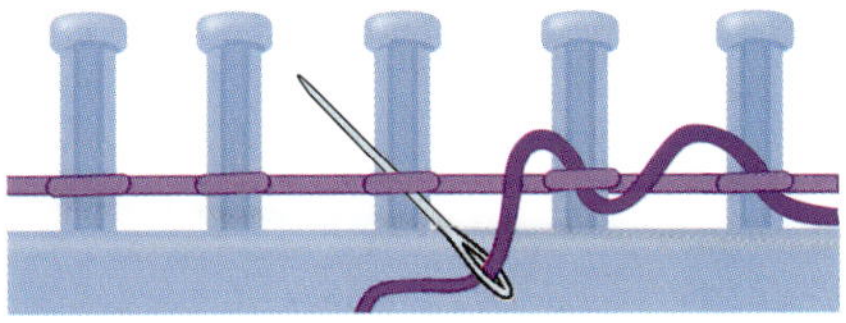

Variantes

Un seul tour de pétales et un simple rang de mailles torses donnent une fleur aérienne.

Ce modèle est obtenu en enchaînant simplement deux tours de pétales.

Finitions

Sortir l'ouvrage d'un tricotin

Après le dernier tour ou rang de l'ouvrage, passez un fil provisoire d'une autre couleur dans chaque maille. Sortez l'ouvrage.

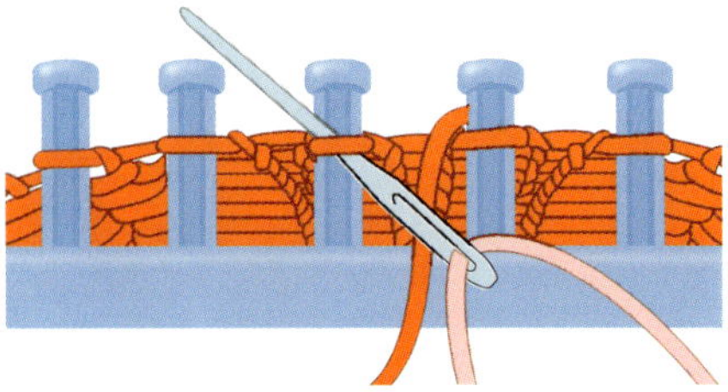

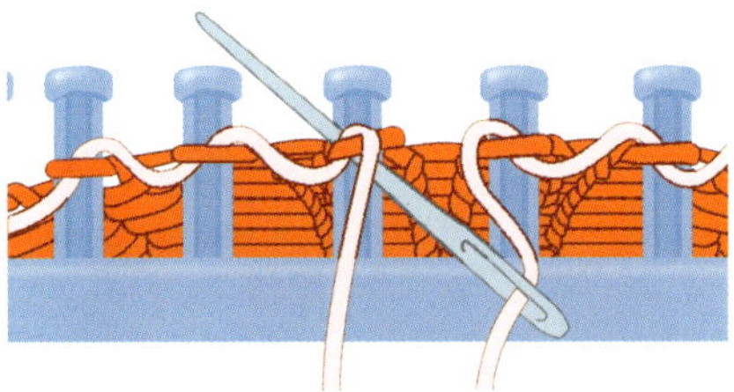

Arrêter les mailles

1. Avec un crochet n° 3,5 et le fil de l'ouvrage, faites une maille coulée pour fermer toutes les mailles. Pour cela, glissez le crochet dans les 2 premières mailles.

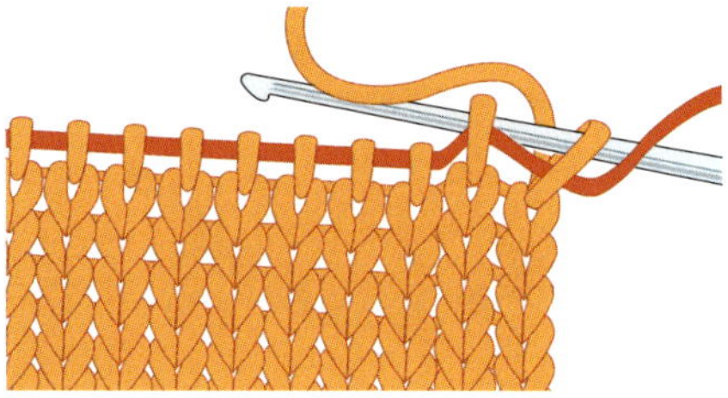

2.Ramenez une boucle de fil à travers les 2 mailles.

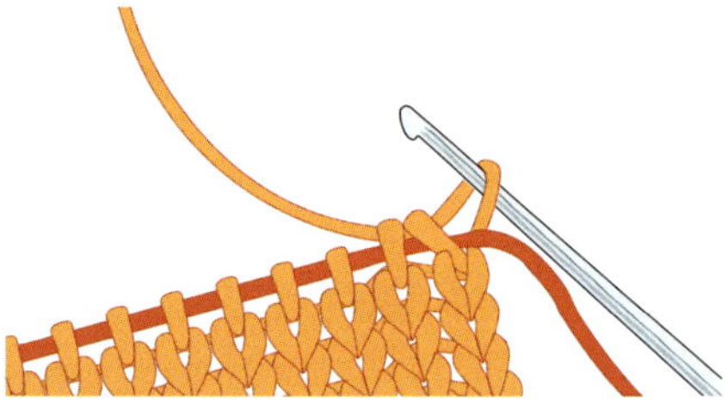

3. Glissez le crochet dans la maille suivante et ramenez une nouvelle boucle de fil dans les 2 mailles. Tout en travaillant souplement, continuez ainsi en dégageant au fur et à mesure le fil ayant servi à sortir l'ouvrage du tricotin. Lorsqu'il ne reste plus qu'une maille sur le crochet, coupez le fil à 15 cm environ, passez-le dans la maille avec le crochet et serrez.

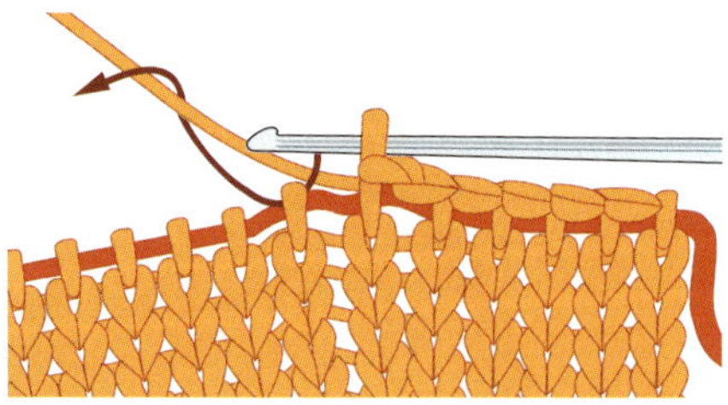

Astuce

Avec un peu d'entraînement, vous pourrez arrêter les mailles directement sur le tricotin.

Rentrer les fils

Avec l'aiguille à laine, rentrez tous les fils sur quelques centimètres sur l'envers de l'ouvrage.

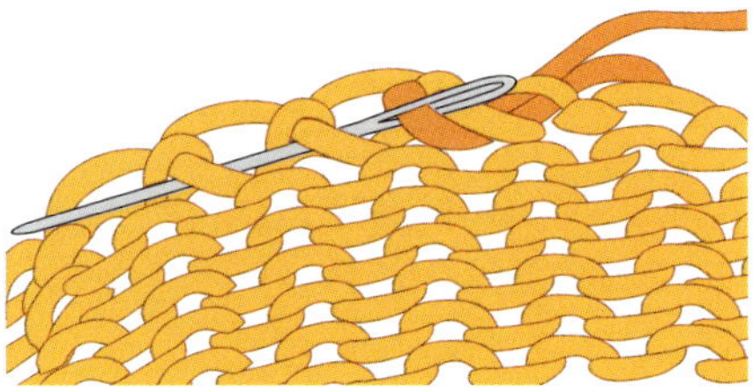

Assembler les lisières

Juxtaposez les deux bords à assembler. Glissez une aiguillée de fil de l'envers vers l'endroit dans le coin inférieur droit.

Sur du point mousse

Passez l'aiguille à laine dans le premier point envers de la lisière gauche. Passez l'aiguille à laine dans le premier point envers de la lisière droite. Procédez ainsi sur toute la hauteur à assembler.

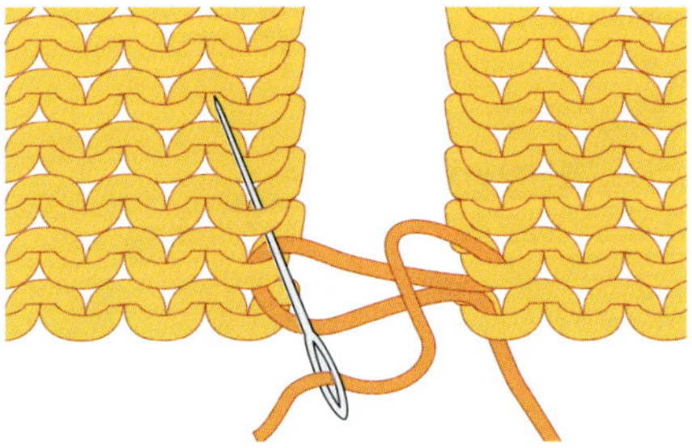

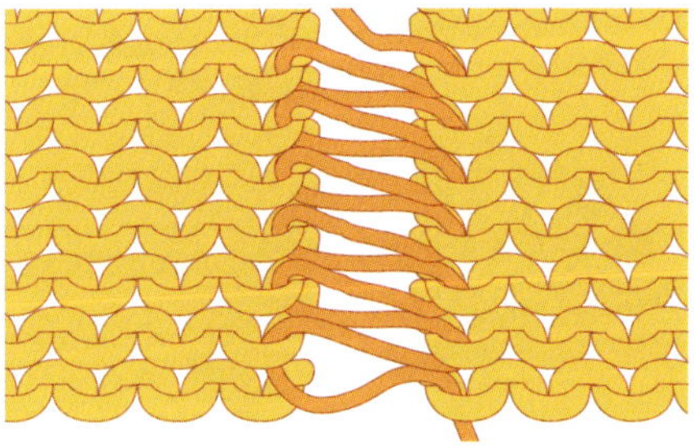

Sur du point jersey

Glissez l'aiguille sous le brin horizontal entre les deux premières mailles de la lisière gauche, puis en vis-à-vis sous le brin horizontal entre les deux premières mailles de la lisière droite. Continuez ainsi en allant d'un bord à l'autre.

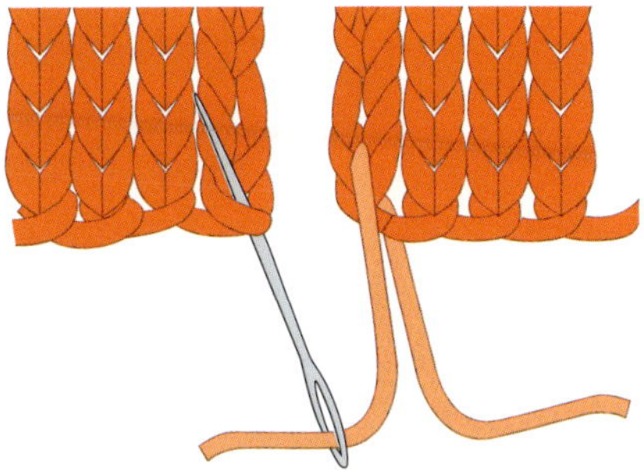

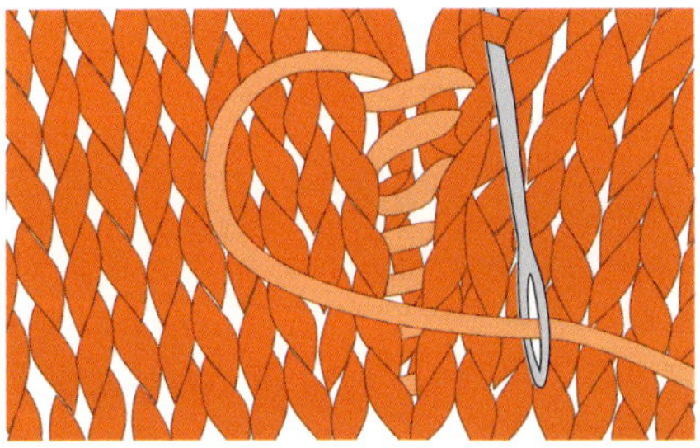

Sur du point de mailles torses contrariées

Passez l'aiguille au bas de la lisière droite en prenant les deux premiers brins qui forment un X. Répétez alternativement sur la lisière gauche, puis sur la lisière droite sur toute la hauteur à assembler.

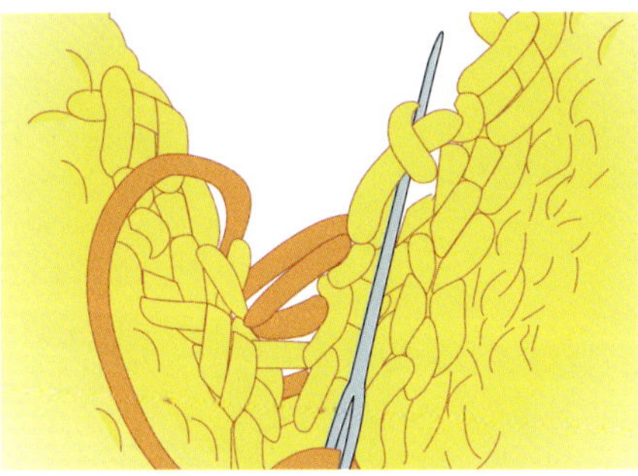

Assembler des mailles ouvertes

Sortez l'ouvrage du tricotin en passant un fil provisoire. Passez l'aiguille comme illustré pour assembler les mailles face à face.

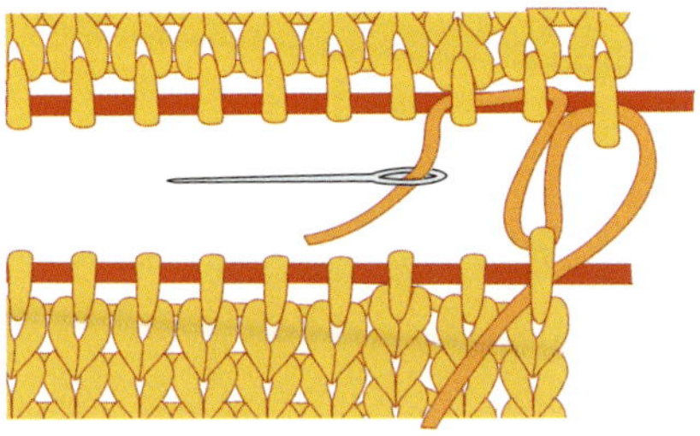

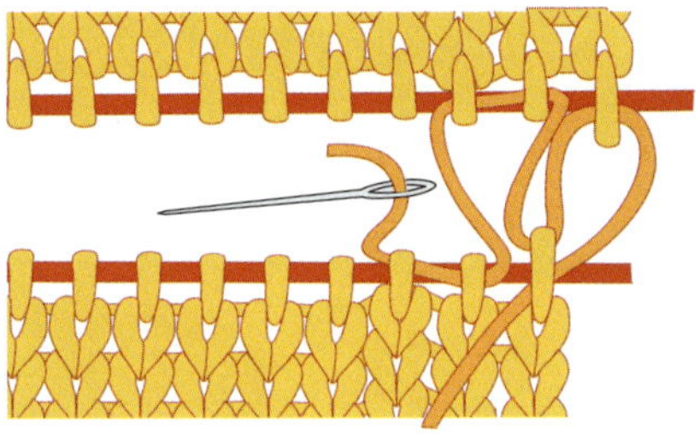

Assembler des mailles ouvertes sur une lisière

Sortez la pièce qui doit garder les mailles ouvertes du tricotin en passant un fil provisoire. Épinglez les mailles ouvertes perpendiculairement sur la lisière de la seconde pièce. Assemblez les mailles au fur et à mesure au point arrière, en passant l'aiguille dans chacune d'elles.

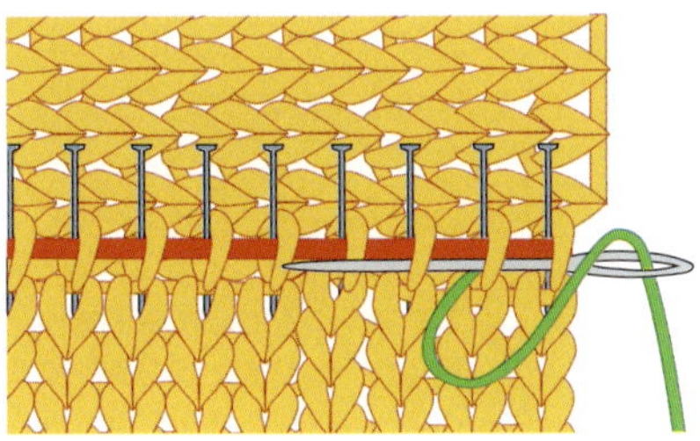

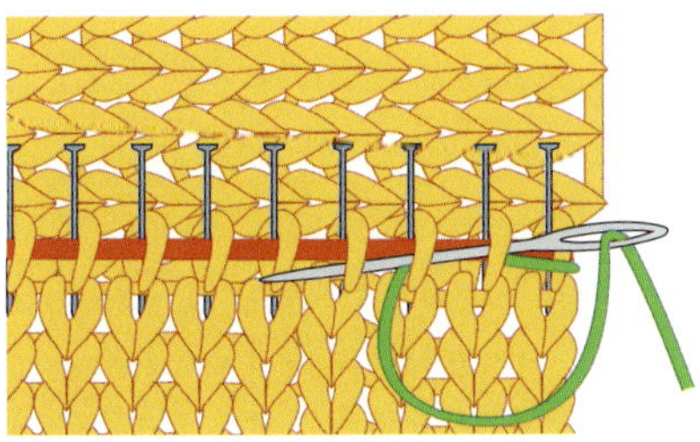

Remmaillage

1. Pour certains ouvrages, il est possible d'assembler directement deux pièces pendant la réalisation. Par exemple, dans le cas d'un bonnet, on peut remmailler la lisière d'une bande, pour continuer la coiffe en tricot circulaire.

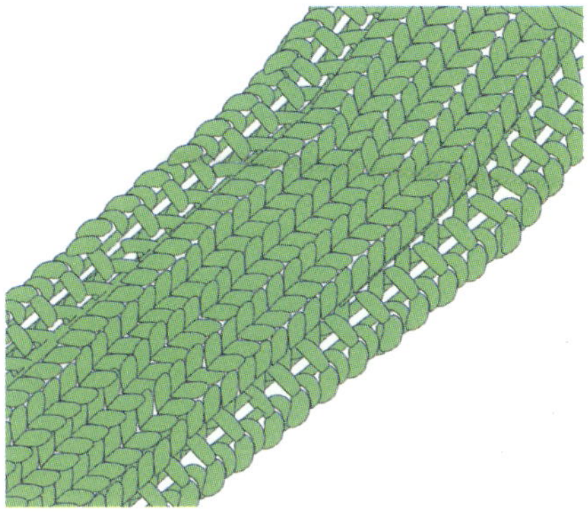

2. Présentez l'ouvrage de manière à placer l'endroit vers l'extérieur du tricotin et l'envers vers l'intérieur. Ainsi, la lisière remmaillée ne sera pas apparente sur l'endroit de l'ouvrage. Insérez chaque picot entre deux rangs, à un brin du bord de l'ouvrage.
La lisière, ainsi placée sur le tricotin, équivaut au tour de montage des mailles. Fixez un nouveau fil au picot extérieur et tricotez le premier rang directement dans le point souhaité.

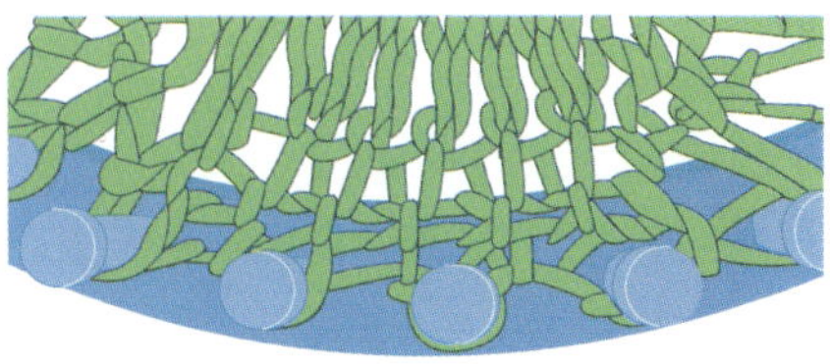

Chic… naturellement !

Cou bien au chaud

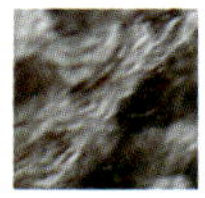
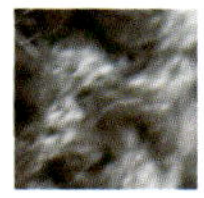

Fournitures

Fil 50% laine peignée et 50% acrylique, en pelotes de 50 g (80 m environ), pour aiguilles à tricoter n° 5 à n° 5,5, coloris taupe : 2 pelotes

Tricotin : modèle droit à 62 picots

Crochet n° 3,5

Aiguille à laine

Techniques

Tricot circulaire

Point mousse (page 9)

Hauteur de l'ouvrage terminé

32 cm environ

1 Montez une maille sur chacun des 62 picots. Travaillez en tricot circulaire au point mousse sur 76 tours.

2 Sortez les mailles à l'aide d'un fil provisoire, puis arrêtez-les comme expliqué page 18. Rentrez et coupez les fils.

Jeu de rayures

Fournitures

Fil 50% laine peignée et 50% acrylique, en pelotes de 50 g (80 m environ), pour aiguilles à tricoter n° 5 à n° 5,5, coloris bleu, rose, vieux rose, beige et vert : 2 pelotes de chaque

Tricotin : modèle droit à 62 picots

Crochet n° 3,5

Aiguille à laine

Techniques

Tricot ouvert et circulaire

Point mousse (page 9)

Tresse (page 16)

Côtes 2/2 (page 13)

Changement de couleur (page 9)

Dimensions de l'ouvrage terminé

Hauteur à partir de l'épaule : 36 cm

Largeur au bas : 54 cm

Pèlerine douillette

1 **Devant.** Montez une maille sur chacun des 62 picots. Travaillez en tricot ouvert au point mousse en alternant les couleurs dans l'ordre suivant : 5 rangs bleus, 10 rangs roses, 6 rangs beiges, 6 rangs verts, 6 rangs bleus, 10 rangs vieux rose, 8 rangs roses, 6 rangs verts, 6 rangs vieux rose, 14 rangs beiges, 8 rangs bleus. Vous obtenez 85 rangs. Passez un fil dans les mailles, sortez le panneau du tricotin et laissez-le en attente.

2 **Dos.** Travaillez comme pour le devant en alternant les couleurs dans l'ordre suivant : 9 rangs beiges, 6 rangs verts, 6 rangs vieux rose, 10 rangs roses, 6 rangs bleus, 10 rangs verts, 8 rangs beiges, 10 rangs vieux rose, 8 rangs bleus, 6 rangs verts, 6 rangs roses. Vous obtenez 85 rangs. Passez un fil dans les mailles, sortez le panneau du tricotin et laissez-le en attente.

3 Col. En plaçant 2 mailles successives sur le même picot, remettez les mailles du devant, puis du dos sur le tricotin : orientez l'endroit des panneaux vers l'extérieur. Travaillez en tricot circulaire et en côtes 2/2 en commençant et en terminant par 2 mailles endroit. Alternez les couleurs dans l'ordre suivant : 8 tours bleus, 8 tours verts, 8 tours vieux rose, 8 tours roses, 8 tours beiges. Sortez les mailles à l'aide d'un fil provisoire, puis arrêtez-les, comme expliqué page 18. Rentrez et coupez tous les fils.

4 Assemblage. En vous reportant à la page 18, assemblez les deux panneaux sur les côtés. Rentrez et coupez les fils.

5 Tresses. Tricotez deux tresses de 30 cm par couleur. En vous reportant aux photographies des pages précédentes, cousez une extrémité de chaque tresse sur le devant et l'autre sur le dos : faites correspondre les couleurs des rayures et des tresses.

Variantes

Pour raccourcir la pèlerine tout en conservant le rythme des rayures, réduisez chaque couleur de 2 rangs.

Pochette à portable

Fournitures

Fil 50% laine peignée et 50% acrylique, en pelotes de 50 g (80 m environ), pour aiguilles à tricoter n° 5 à n° 5,5, coloris bleu, rose, vieux rose, beige et vert : 1 pelote de chaque

Tricotin : modèle droit à 38 picots (ou plus)

Crochet n° 3,5

Aiguille à laine

Techniques

Tricot ouvert

Point mousse (page 9)

Tresse (page 16)

Dimensions de l'ouvrage terminé

8 cm x 11 cm, sans la bandoulière

1 Montez des mailles sur 20 picots. Travaillez en tricot ouvert au point mousse en alternant les couleurs dans l'ordre suivant : 6 rangs bleus, 6 rangs verts, 6 rangs vieux rose, 6 rangs roses, 6 rangs beiges.

2 Sortez les mailles à l'aide d'un fil provisoire. Pliez le rectangle en deux et assemblez les mailles ouvertes deux à deux, en faisant correspondre la première et la dernière, comme expliqué page 19. Assemblez le côté. Rentrez et coupez les fils.

3 Tricotez une tresse rose, une tresse vieux rose et une tresse beige de 72 cm environ. Cousez les tresses de chaque côté. Rentrez et coupez les fils.

Façon kimono

Fournitures

Fil 50% laine peignée et 50% acrylique, en pelotes de 50 g (80 m environ), pour aiguilles à tricoter n° 5 à n° 5,5, coloris bleu : 7 pelotes

Tricotin : modèle droit à 50 picots

Crochet n° 3,5

Aiguille à laine

Fibule ou broche

Techniques

Tricot ouvert

Point mousse (page 9)

Dimensions de l'ouvrage terminé

Taille 38/40

Largeur dos : 40 cm

Longueur : 60 cm

1 **Devants.** Montez des mailles sur 42 picots. Travaillez en tricot ouvert au point mousse sur 144 rangs. Sortez les mailles à l'aide d'un fil provisoire, puis arrêtez-les, comme expliqué page 18. Réalisez un second panneau identique.

2 **Dos.** Montez une maille sur chacun des 50 picots. Travaillez en tricot ouvert au point mousse sur 144 rangs et arrêtez le panneau comme pour les devants.

3 **Assemblage.** Rentrez et coupez tous les fils. Juxtaposez les devants et le dos, l'endroit vers vous. En procédant comme expliqué page 18, cousez les côtés sur 40 cm à partir du bas, laissez une ouverture de 13 cm pour les bras et terminez la couture sur 7 cm.

Taille 34/36

Travaillez comme pour la taille 38/40, mais sur 36 mailles pour les devants et 44 mailles pour le dos. Cousez les côtés sur 42 cm à partir du bas, laissez une ouverture de 11 cm et terminez la couture sur 7 cm.

Taille 42/44

Utilisez un tricotin droit de 62 picots. Travaillez comme pour la taille 38/40, mais sur 48 mailles pour les devants et 56 mailles pour le dos. Cousez les côtés sur 38 cm à partir du bas, laissez une ouverture de 15 cm et terminez la couture sur 7 cm.

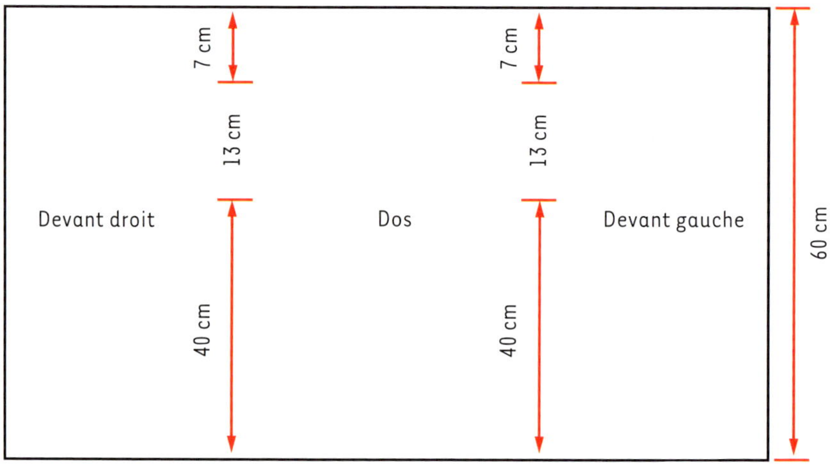

Gris granit

Fournitures

Fil 50% laine peignée et 50% acrylique, en pelotes de 50 g (55 m environ), pour aiguilles à tricoter n° 4,5 à n° 5,5, coloris noir, gris chiné, bordeaux chiné : 2 pelotes de chaque

Tricotin : modèle rond à 31 picots

Crochet n° 3,5

Aiguille à laine

Techniques

Tricot circulaire

Point jersey (page 9)

Côtes 1/1 (page 13)

Jacquard (page 15)

Hauteur des guêtres terminées

44 cm environ

Guêtres

1 Montez une maille sur chacun des 31 picots. Travaillez en tricot circulaire et tricotez 10 tours en côtes 1/1 avec le fil noir, en commençant et en terminant par une maille endroit.

2 Continuez en jacquard en suivant le diagramme. Terminez par 15 tours en côtes 1/1 avec le fil gris.

3 Coupez le fil de la pelote en laissant une longueur suffisante et passez-le à l'aide de l'aiguille dans les mailles. Sortez les mailles. Arrêtez le fil, sans resserrer le haut de la guêtre pour pouvoir passer la jambe. Réalisez une deuxième guêtre identique. Rentrez et coupez les fils. Réalisez les finitions sur l'envers du jacquard comme expliqué ci-contre.

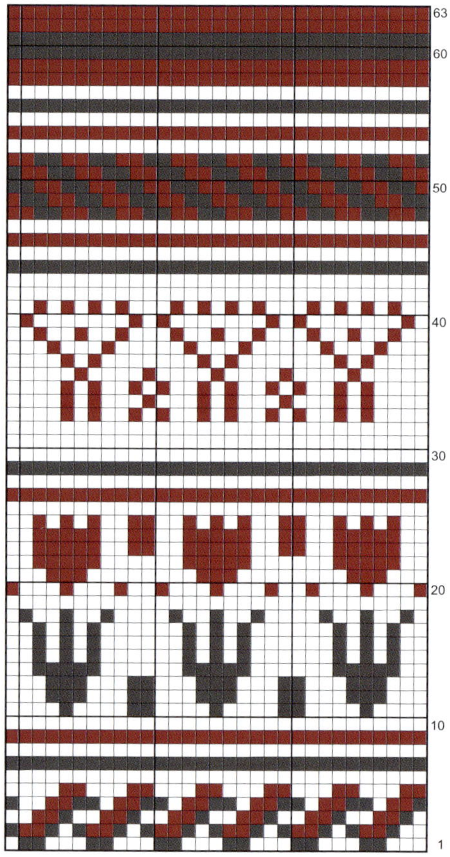

■ Bordeaux

■ Gris chiné

□ Noir

Finitions sur l'envers du jacquard

Pour éviter de tirer les fils trop longs sur l'envers des ouvrages en jacquard, vous pouvez les fixer tous les 5 cm environ sur toute la hauteur.

Passez le crochet sous les deux premiers fils flottants au bas de l'ouvrage, de bas en haut. Passez le second sous le premier pour créer une maille. Passez le crochet sous le fil suivant et créez une maille comme précédemment. Continuez ainsi verticalement, jusqu'en haut. Cousez la dernière maille par un point solide.

Fournitures

Fil 50% laine peignée et 50% acrylique, en pelotes de 50 g (55 m environ), pour aiguilles à tricoter n° 4,5 à n° 5,5, coloris noir, gris chiné, bordeaux chiné : 1 pelote de chaque

Tricotin : modèle rond à 41 picots

Crochet n° 3,5

Aiguille à laine

2 anses noires rondes de 13 cm de diamètre environ

Techniques

Tricot circulaire

Point jersey (page 9)

Côtes 1/1 (page 13)

Jacquard (page 15)

Dimensions de l'ouvrage terminé

Hauteur : 38 cm anses comprises

Largeur : 18 cm

Sac jacquard

1 Montez une maille sur chacun des 41 picots. Travaillez en tricot circulaire et tricotez en suivant le diagramme.

2 Après le dernier tour du diagramme, travaillez en côtes 1/1, en commençant et en terminant par une maille endroit, et en alternant les couleurs de la façon suivante : 9 tours en gris, 2 tours en bordeaux, 1 tour en noir, 2 tours en bordeaux, 4 tours en gris.

3 Coupez le fil de la pelote en laissant une longueur suffisante et passez-le à l'aide de l'aiguille dans les mailles. Sortez les mailles. Arrêtez le fil, sans resserrer le haut du sac. Rentrez et coupez les fils. Réalisez les finitions sur l'envers du jacquard, comme expliqué page 31.

4 Assemblez le fond du sac sur l'envers. Retournez le sac sur l'endroit. Repliez le revers. Cousez solidement chaque anse dans l'ouverture du sac, en trois points régulièrement espacés.

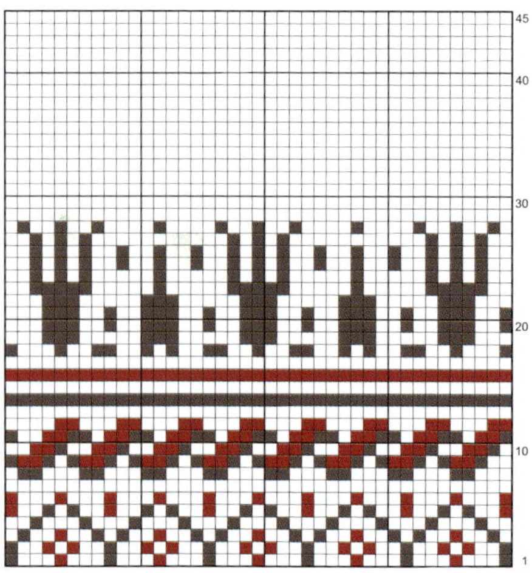

■ Bordeaux

■ Gris chiné

□ Noir

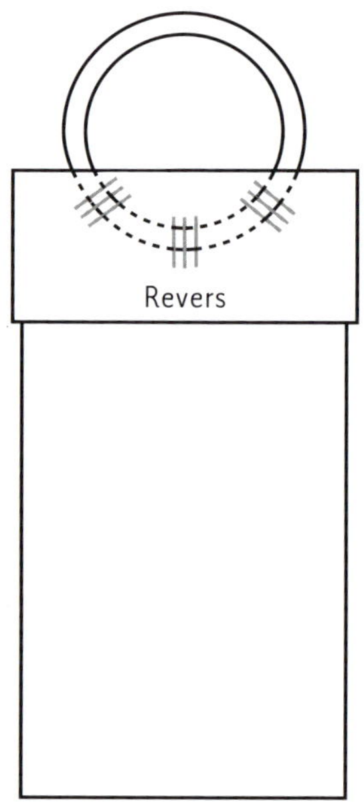

Tour de cou et cagoule

Fournitures

Fil 51% acrylique, 26% laine, 12% mohair, 6% polyester, 5% viscose, en pelotes de 50 g (50 m environ), pour aiguilles à tricoter n° 5,5 à n° 6,5, coloris gris : 2 pelotes

Tricotin : modèle rond à 41 picots

Crochet n° 3,5

Aiguille à laine

Techniques

Tricot circulaire

Tricot ouvert (rangs raccourcis)

Point jersey (page 9)

Rangs raccourcis (page 11)

Hauteur de l'ouvrage terminé

environ 68 cm

1 Montez une maille sur chacun des 41 picots.

2 Travaillez en tricot circulaire au point jersey sur 15 tours. Ensuite, tricotez uniquement sur les 20 premières mailles, 2 rangs. Répétez 3 fois cette étape.

3 Tricotez 10 tours complets. Ensuite, tricotez uniquement sur les 20 premières mailles, 2 rangs. Répétez 2 fois cette étape.

4 Tricotez 5 tours complets. Ensuite, tricotez uniquement sur les 20 premières mailles, 2 rangs. Répétez 6 fois cette étape.

5 Finissez par 5 tours. Sortez les mailles à l'aide d'un fil provisoire, puis arrêtez-les comme expliqué page 18. Rentrez et coupez les fils.

Ajusté et coudé, ce tour de cou se transforme facilement en cagoule.

Red de ce bonnet !

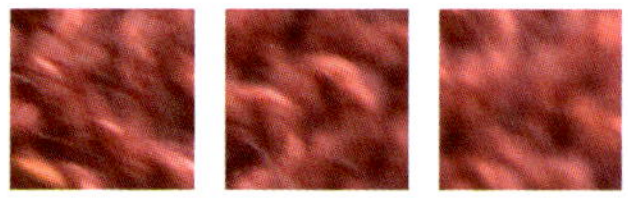

Fournitures

Fil 51% acrylique, 26% laine, 12% mohair, 6% polyester, 5% viscose, en pelotes de 50 g (50 m environ), pour aiguilles à tricoter n° 5,5 à n° 6,5, coloris rouge : 2 pelotes

Tricotin : modèle rond à 36 picots

Aiguille à laine

Techniques

Tricot circulaire

Tricot ouvert

Point jersey (page 9)

Point de riz (page 12)

Point de mailles torses contrariées (page 12)

Tour de tête

52 à 55 cm

1 **Bord et tour du bonnet.** Montez une maille sur chacun des 36 picots. Travaillez en tricot circulaire au point jersey sur 12 tours. Tricotez ensuite 30 tours au point de riz.

2 **Dessus du bonnet.** Continuez uniquement sur les 5 premières mailles en tricot ouvert, au point de mailles torses contrariées, sur 30 rangs. Les 31 mailles de part et d'autre restent en attente sur le tricotin.

3 **Assemblage.** Passez un fil dans les 5 mailles tricotées à l'étape 2 et un autre fil dans les 31 autres mailles pour sortir l'ouvrage du tricotin. Sur les lisières de la bande, assemblez au point arrière, comme expliqué page 19, les 13 mailles encore ouvertes de part et d'autre. Assemblez les 5 mailles ouvertes de la bande avec les 5 dernières mailles du tour du bonnet. Rentrez et coupez les fils.

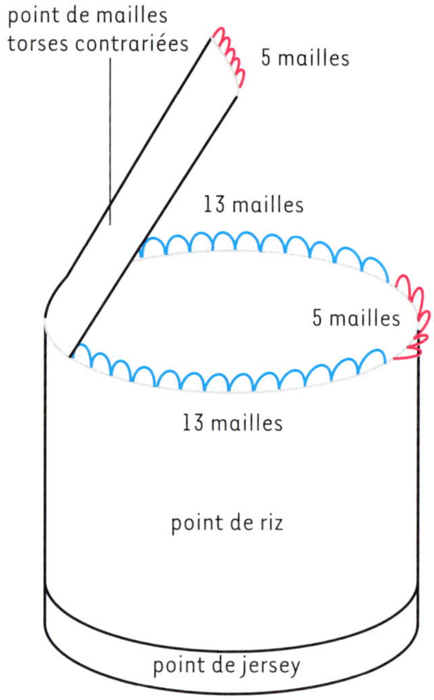

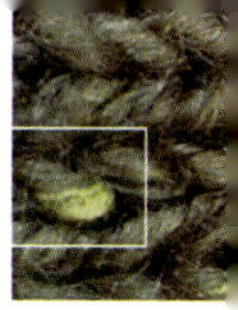

Bibi vert

Fournitures

Fil 51% acrylique, 26% laine, 12% mohair, 6% polyester, 5% viscose, en pelotes de 50 g (50 m environ), pour aiguilles à tricoter n° 5,5 à n° 6,5, coloris vert : 2 pelotes

Tricotin : modèles ronds à 36 picots et 24 picots

Aiguille à laine

Aiguille à torsades

Techniques

Tricot circulaire

Tricot ouvert

Point mousse (page 9)

Point jersey (page 9)

Torsade (page 14)

Tour de tête

52 à 54 cm

Ce chapeau se porte juste posé sur le haut de la tête

1 **Bande torsadée.** Montez 10 mailles sur le tricotin à 24 picots. Travaillez en tricot ouvert de la façon suivante :

1er rang : en mailles endroit

2e rang : 3 mailles envers, 4 mailles endroit, 3 mailles envers.

Répétez 4 fois ces 2 rangs, puis refaites 1 rang en mailles endroit.

Au 12e rang, tricotez 3 mailles envers, croisez les 4 mailles suivantes comme expliqué page 14, tricotez 3 mailles envers.

Répétez ces 12 rangs, 9 fois. Tricotez 1 rang à l'endroit. Passez un fil provisoire dans les mailles et sortez la bande du tricotin. Coupez le fil de la pelote en laissant une longueur suffisante pour l'assemblage. Fermez la bande en anneau en cousant au point arrière les mailles ouvertes à la lisière de montage, comme expliqué page 19.

2 **Coiffe.** Remmaillez une lisière de la bande torsadée sur le tricotin à 36 picots, comme expliqué page 19. Travaillez en tricot circulaire au point jersey sur 22 tours.

3 **Diminutions.** Passez un fil provisoire dans les mailles pour sortir l'ouvrage du tricotin. Replacez les 36 mailles sur le tricotin à 24 picots comme suit : 2 mailles sur 1 picot, 1 maille sur 1 picot.

Tricotez un tour au point jersey, en prenant les mailles remontées sur un même picot comme une seule. Refaites 2 tours au point jersey.

4 **Finitions.** Coupez le fil de la pelote en laissant un peu de longueur. Avec l'aiguille à laine, passez le fil dans les mailles. Sortez le bonnet du tricotin et serrez le fil. Faites un nœud sur l'envers. Rentrez et coupez les fils.

Col carmin

Fournitures

Fil tressé 50% laine peignée, 50% acrylique, en pelotes de 50 g (60 m environ), pour aiguilles à tricoter n° 6 à n° 7, coloris dégradé orange, prune, violet : 3 pelotes

Tricotin : modèle droit à 38 picots

Aiguille à laine

Crochet n° 3,5

Techniques

Tricot ouvert

Point de mailles torses contrariées (page 12)

Rangs raccourcis (page 11)

Dimensions de l'ouvrage terminé

Longueur intérieure : environ 55 cm

Largeur : 19 cm

Variantes

Pour une écharpe plus longue, répétez le cycle des rangs raccourcis autant de fois que la longueur souhaitée.

Pour une écharpe moins large, montez 12 mailles, tricotez 4 rangs sur ces 12 mailles, puis reprenez le cycle des rangs raccourcis à partir des rangs 17 et 18.

1 Montez 18 mailles. Tricotez en rangs raccourcis au point de mailles torses contrariées comme suit :

Rangs 1 à 4. Tricotez 18 mailles.
Rangs 5 et 6. Tricotez 17 mailles.
Rangs 7 et 8. Tricotez 16 mailles.
Rangs 9 et 10. Tricotez 15 mailles.
Rangs 11 et 12. Tricotez 14 mailles.
Rangs 13 et 14. Tricotez 13 mailles.
Rangs 15 et 16. Tricotez 12 mailles.
Rangs 17 et 18. Tricotez 11 mailles.
Rangs 19 et 20. Tricotez 10 mailles.
Rangs 21 et 22. Tricotez 9 mailles.
Rangs 23 et 24. Tricotez 8 mailles.
Rangs 25 et 26. Tricotez 7 mailles.
Rangs 27 et 28. Tricotez 6 mailles.
Rangs 29 et 30. Tricotez 5 mailles.
Rangs 31 et 32. Tricotez 4 mailles.
Rangs 33 et 34. Tricotez 3 mailles.
Rangs 35 et 36. Tricotez 2 mailles.
Rangs 37 et 38. Tricotez 1 maille.

2 Répétez les rangs 1 à 38, 13 fois. Au fur et à mesure, l'effet de volant se forme.

3 Sortez les mailles à l'aide d'un fil provisoire, puis arrêtez-les comme expliqué page 18. Rentrez et coupez les fils.

Hissez les couleurs !

Bonnet pieuvre

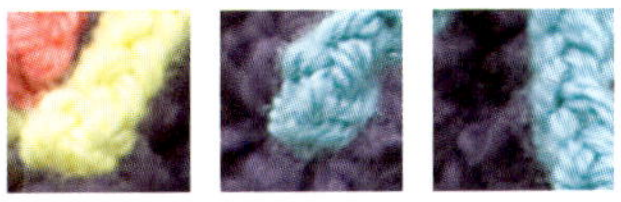

Fournitures

Fil texturé 64% acrylique, 27% laine, 9% polyamide, en pelotes de 100 g (50 m environ), pour aiguilles à tricoter n° 6 à n° 7, coloris violet : 1 pelote

Fil 51% laine, 49% acrylique, en pelotes de 50 g (90 m environ), pour aiguilles à tricoter n° 3,5 à n° 4, coloris jaune, rose foncé, turquoise : 1 pelote de chaque

Tricotin : modèle rond à 31 picots

Aiguille à laine

Techniques

Tricot circulaire

Maille endroit torse à gauche (page 10)

Tresse (page 16)

Tour de tête

50 à 52 cm

Astuce

Vous pouvez glisser la dernière maille des tresses en attente sur une épingle de nourrice pour éviter qu'elle se détricote.

1 **Tresses.** Pour chaque couleur, rembobinez la pelote pour mettre le fil en double. Tricotez des tresses de 6 cm environ : 8 jaunes, 8 rose foncé, 8 turquoise ; à la fin de chaque tresse, placez les 2 mailles sur le même picot, tricotez-les ensemble, sortez la maille obtenue du picot et laissez-la en attente. Coupez le fil en gardant 10 cm environ. Rentrez le fil de montage pour chaque tresse.

2 **Bonnet.** Avec le fil violet, montez une maille sur chacun des 31 picots.

Tours 1 à 15. Travaillez en tricot circulaire en mailles endroit torses à gauche sur 15 tours.

Tour 16. Répartissez 4 tresses rose foncé, en plaçant la maille en attente sur le tricotin (la tresse vers l'intérieur du tricotin) de la façon suivante : une tresse sur le premier picot, sautez 6 picots, une tresse sur le picot suivant, sautez 7 picots, une tresse sur le picot suivant, sautez 7 picots, une tresse sur le picot suivant, sautez 7 picots. Tricotez ensuite le 16e tour en prenant la maille et la tresse en même temps.

Tours 17 à 20. Travaillez normalement.

Tour 21. Répartissez 4 tresses jaunes : sautez les 5 premiers picots, une tresse sur le picot suivant, sautez 6 picots, une tresse sur le picot suivant, sautez 7 picots, une tresse sur le picot suivant, sautez 7 picots, une tresse sur le picot suivant, sautez 2 picots. Tricotez le tour comme le 16e.

Tours 22 à 24. Travaillez normalement.

Tour 25. Répartissez 4 tresses turquoise : sautez le premier picot, une tresse sur le picot suivant, sautez 7 picots, une tresse sur le picot suivant, sautez 7 picots, une tresse sur le picot suivant, sautez 6 picots, une tresse sur le picot suivant, sautez 6 picots. Tricotez le tour comme le 16e.

Tours 26 et 27. Travaillez normalement.

Tour 28. Répartissez 6 tresses : une tresse rose foncé sur le premier picot, sautez 4 picots, une tresse jaune sur le picot suivant, sautez 4 picots, une tresse turquoise sur le picot suivant, sautez 4 picots, une tresse rose foncé sur le picot suivant, sautez 4 picots, une tresse jaune sur le picot suivant, sautez 5 picots, une tresse turquoise sur le picot suivant, sautez 4 picots. Tricotez le tour comme le 16e.

Tour 29. Travaillez normalement.

Tour 30. Répartissez les 6 dernières tresses : sautez les 2 premiers picots, une tresse rose foncé sur le picot suivant, sautez 4 picots, une tresse jaune sur le picot suivant, sautez 4 picots, une tresse turquoise sur le picot suivant, sautez 4 picots, une tresse rose foncé sur le picot suivant, sautez 4 picots, une tresse jaune sur le picot suivant, sautez 4 picots, une tresse turquoise sur le picot suivant, sautez 3 picots. Tricotez le tour comme le 16e.

Tours 31 et 32. Tricotez normalement.

3 **Finitions.** Coupez le fil en laissant une longueur suffisante. Passez-le dans chaque maille à l'aide de l'aiguille. Sortez l'ouvrage du tricotin. Froncez les mailles. Arrêtez solidement sur l'envers. Rentrez et coupez tous les fils.

Bonnet rayé à nopes

Fournitures

Fil 51% laine, 49% acrylique, en pelotes de 50 g (90 m environ), pour aiguilles à tricoter n° 3,5 à n° 4, coloris jaune, rose foncé et turquoise : 1 pelote de chaque

Tricotins : modèle droit à 50 picots, modèle rond à 36 picots

Aiguille à laine

Crochet n° 3,5

Techniques

Tricot circulaire

Maille endroit (page 9)

Maille endroit torse à gauche (page 10)

Nope (page 14)

Côte 1/1 (page 13)

Tour de tête

50 à 52 cm

1 **Préparation.** Rembobinez chaque pelote de manière à mettre chaque fil en double.

2 **Rayures à nopes.** Sur le tricotin à 50 picots, avec le fil jaune, montez une maille sur chacun des picots. Travaillez en tricot circulaire, en mailles endroit torses à gauche, sur 9 tours en réalisant au 5e tour une nope, sur les 8e, 18e, 34e et 44e picots.
Réalisez une rayure rose foncé, puis une rayure turquoise de 9 tours, en plaçant des nopes au 5e tour de chaque couleur et sur les mêmes picots que pour la rayure jaune.

3 **Fronces.** Coupez le fil à environ 30 cm. Passez-le dans chaque maille à l'aide de l'aiguille. Sortez l'ouvrage du tricotin. Tirez sur le fil pour fermer le haut du bonnet. Arrêtez solidement sur l'envers. Rentrez et coupez le fil.

4 **Bordure.** En plaçant l'endroit du bonnet vers l'extérieur, remmaillez le rang de montage sur le tricotin à 36 picots, en omettant une maille à intervalles réguliers pour répartir les diminutions. Avec le fil turquoise, tricotez un tour de mailles endroit. Tricotez ensuite en côtes 1/1 : 5 tours turquoise, 5 tours rose foncé, puis 5 tours jaunes.

5 **Finitions.** Coupez le fil de la pelote en laissant une longueur suffisante. Avec l'aiguille à laine, passez le fil dans chaque maille. Sortez le bonnet du tricotin. Arrêtez le fil sur l'envers sans trop tirer. Rentrez et coupez tous les fils.

Chaussons Pop

Fournitures

Fil 50% polyamide, 30% acrylique, 20% laine peignée, en pelotes de 50 g (160 m environ), pour aiguilles à tricoter n° 3 à n° 3,5, coloris vert d'eau : 1 pelote

Tricotin : modèle rond à 24 picots

Aiguille à laine

Cartonnette

Compas

Techniques

Tricot circulaire et ouvert

Point jersey (page 9)

Pointures

36/38 (40/42)

Dans le décompte de tours et de rangs, lorsqu'un seul nombre est donné, il concerne les deux pointures. Lorsqu'il y en a deux, le premier concerne la première taille, celui entre parenthèses concerne la seconde taille.

1 **Préparation.** Rembobinez la pelote de manière à mettre le fil en double.

2 **Pied.** Montez une maille sur chacun des 24 picots en laissant une longueur de fil de 15 cm au début pour les finitions. Travaillez en tricot circulaire, au point jersey, sur 51 (57) tours.

3 **Dessous du talon et cheville.** Continuez en tricot ouvert, au point jersey, sur 25 (31) rangs.

4 **Couture du talon.** Coupez le fil de la pelote en laissant une longueur de 30 cm environ. Sortez les mailles à l'aide d'un fil provisoire. Pliez le dernier rang en deux (12 mailles face aux 12 autres). Assemblez les mailles ouvertes, comme expliqué page 19, avec le fil en attente. Rentrez et coupez le fil.

5 **Fermeture de la pointe.** Sur la lisière de montage, passez le fil de départ dans un brin de chaque maille. Froncez la pointe du chausson. Arrêtez le fil sur l'envers. Rentrez et coupez le fil.

6 **Finitions.** Découpez deux ronds de cartonnette de 6 cm de diamètre, avec un trou de 1 cm de diamètre au centre. Faites un pompon. Cousez-le sur le dessus du chausson, au ras de la cheville. Réalisez un deuxième chausson identique.

Variantes

Vous pouvez coudre des rubans de velours noués en rosette ou des jolis boutons à la place des pompons.

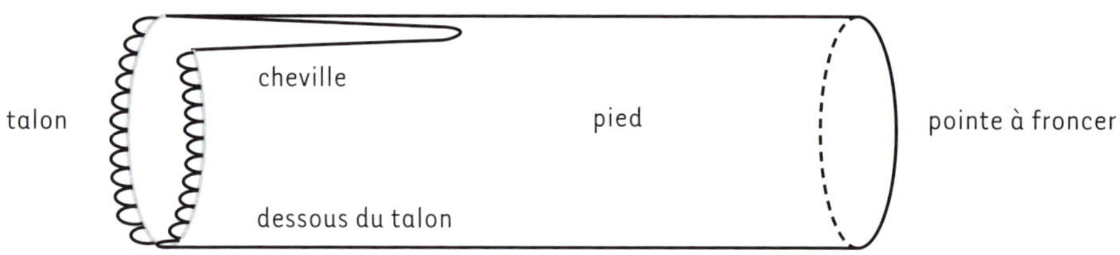

Gym tonique !

Fournitures

Fil 51% laine, 49% acrylique, en pelotes de 50 g (90 m environ),
pour aiguilles à tricoter n° 3,5 à n° 4,
coloris noir : 2 pelotes

Fil 40% laine peignée, 30% acrylique, 30% polyamide en pelotes de 50 g (125 m environ),
pour aiguilles n° 3 à n° 3,5,
coloris rouge, jaune, orange, violet, rose : 1 pelote de chaque

Tricotin : modèle rond à 24 picots

Aiguille à laine

Crochets n° 3,5 et n° 2

Techniques

Tricot circulaire

Maille endroit torse à gauche (page 10)

Hauteur des guêtres terminées

44 cm environ

Tiges des fleurs

Chaînette rouge : 14 mailles.

Chaînette rose : 35 mailles.

Chaînette violette : 26 mailles.

Chaînette orange : 32 mailles.

Chaînette jaune : 12 mailles.

1 **Guêtres.** Prenez les fils des pelotes noires en même temps de façon à tricoter avec le fil mis en double. Montez une maille sur chacun des 24 picots. Travaillez en tricot circulaire, en mailles endroit torses à gauche sur 66 tours.

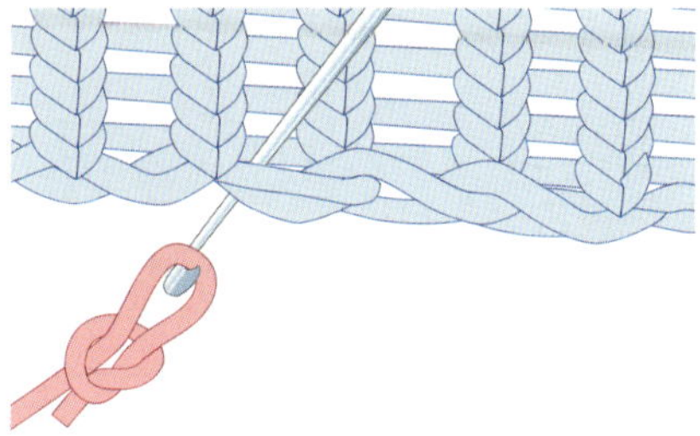

2 Sortez les mailles à l'aide d'un fil provisoire, puis arrêtez-les, comme expliqué page 18. Réalisez une deuxième guêtre identique.

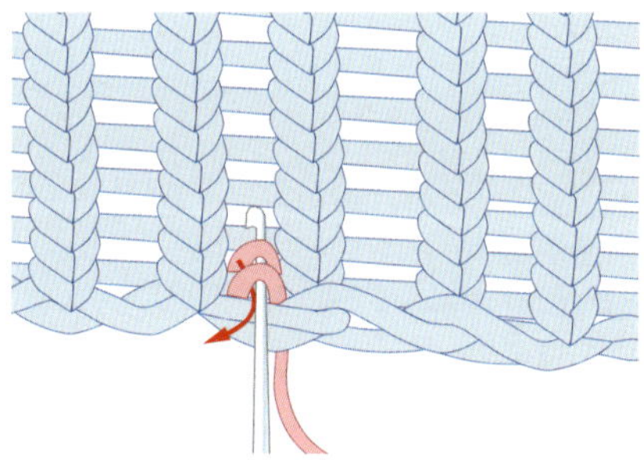

3 **Broderie.** Réalisez d'abord les tiges des fleurs en vous aidant de la photographie. Avec le fil d'une couleur, faites un nœud coulant. À l'aide du crochet n° 2, faites-le sortir entre 2 mailles au ras de la lisière de montage. Réalisez ensuite une chaînette en prenant à chaque fois le fil entre 2 mailles de la guêtre et en vous référant à l'encadré pour le nombre de mailles. Pour arrêter la chaînette, coupez le fil à 10 cm environ, passez-le dans la dernière maille et rentrez-le sur l'envers à l'aide de l'aiguille.

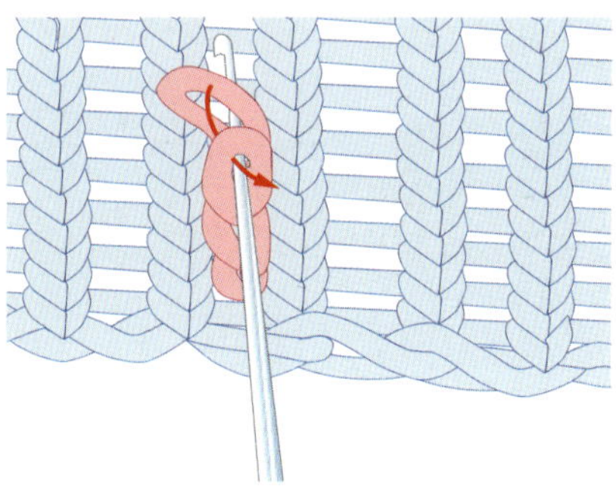

4 Pour chaque fleur, préparez une longue aiguillée de fil mis en double. Brodez à points lancés en piquant à ras de la tige, puis entre les mailles de la guêtre, 3 brins au-dessus. Répétez jusqu'à obtenir une boule de laine. Rentrez et coupez les fils.

Mon sac...fourrure

Fournitures

Fil fourrure 100% acrylique, en pelotes de 50 g (105 m environ), pour aiguilles à tricoter n° 3,5 à n° 4, coloris chiné rose/orange : 3 pelotes

Tricotin : modèle droit à 62 picots

Aiguille à laine

2 anses rondes de 13 cm de diamètre environ

Crochet n° 3,5

Techniques

Tricot circulaire et ouvert

Maille endroit torse à gauche (page 10)

Point de mailles torses contrariées (page 12)

Dimensions de l'ouvrage terminé

Hauteur : 35 cm anses comprises

Largeur : 34 cm

1 **Corps du sac.** Travaillez avec le fil mis en double. Montez une maille sur chacun des 62 picots. Travaillez en tricot circulaire, en mailles endroit torses à gauche sur 24 cm. Sortez les mailles à l'aide d'un fil provisoire, puis arrêtez-les, comme expliqué page 18. Repliez un ourlet de 3 cm et cousez-le au point arrière.

2 **Fond du sac.** Toujours avec le fil mis en double, montez des mailles sur 12 picots. Travaillez en tricot ouvert, au point de mailles torses contrariées sur 34 cm. Arrêtez les mailles comme précédemment.

3 **Assemblage.** Cousez le fond au corps du sac, au point arrière : faites correspondre chaque côté du corps du sac avec le milieu des petits côtés du fond.

4 **Anses.** Enroulez le fil autour de chaque anse jusqu'à la recouvrir complètement. Nouez les deux extrémités du fil. Cousez solidement chaque anse sur une face du sac, en trois points régulièrement espacés. Rentrez et coupez les fils.

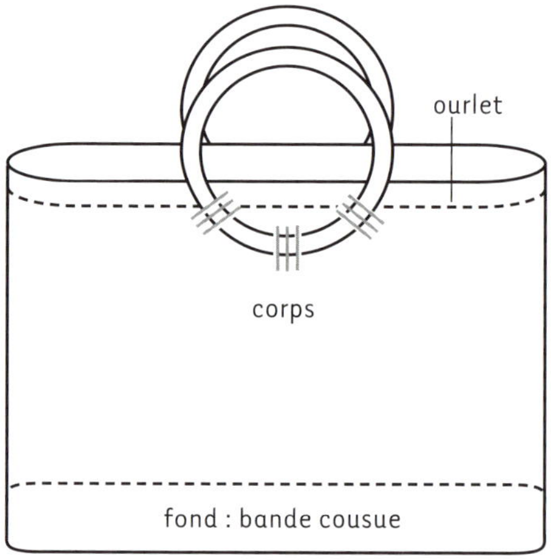

Deux en un

Fournitures

Fil 50 % laine peignée, 50% acrylique, en pelotes de 50 g (80 m environ), pour aiguilles à tricoter n° 5 à n° 5,5, coloris vert : 5 pelotes

Tricotin : modèle droit à 50 picots

Aiguille à laine

Crochet n° 3,5

Techniques

Tricot ouvert

Point d'alvéoles (page 12)

Dimensions de l'ouvrage terminé

Écharpe : largeur 27 cm x longueur 134 cm

Capuche : hauteur 36 cm x profondeur 23 cm

1 **Réalisation de l'écharpe.** Montez des mailles sur 30 picots. Travaillez en tricot ouvert au point d'alvéoles sur 134 cm. Terminez par un rang en mailles endroit. Sortez les mailles à l'aide d'un fil provisoire, puis arrêtez-les, comme expliqué page 18.

2 **Réalisation de la capuche.** Montez des mailles sur 44 picots. Travaillez en tricot ouvert au point d'alvéoles sur 36 cm. Terminez par un rang en mailles endroit. Passez un fil provisoire dans les mailles pour sortir le panneau du tricotin, comme expliqué page 18. Pliez la pièce en deux de manière à placer la première et la dernière maille du dernier rang face à face. Assemblez les mailles ouvertes, comme expliqué page 19, pour fermer le haut de la capuche.

3 **Assemblage.** Cousez au point arrière la lisière de montage de la capuche à la lisière de l'écharpe : alignez le milieu de l'écharpe et le dos de la capuche et veillez à faire correspondre la même face du point sur les deux pièces. Rentrez et coupez les fils.

Astuce

L'envers du point d'alvéoles présente des côtes bien dessinées. Soignez les finitions de votre ouvrage en réalisant des coutures invisibles, il sera ainsi réversible.

Babar et les quatre voleurs
BABAR

Coussin pour petit ange

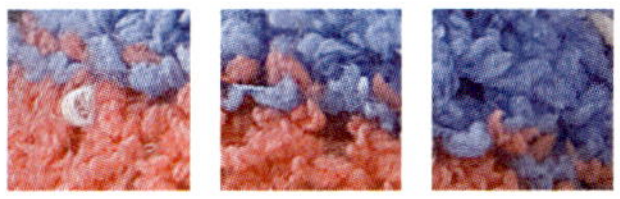

Fournitures

Fil texturé 100% polyamide, en pelotes de 50 g (80 m environ), pour aiguilles à tricoter n° 4,5 à n° 5, coloris rose clair : 2 pelotes, coloris corail et bleu : 1 pelote de chaque

Tricotins : modèles ronds à 36 et 24 picots

Aiguille à laine

Bourre synthétique

Crochet n° 3,5

Techniques

Tricot circulaire

Point mousse (page 9)

Dimensions de l'ouvrage terminé

40 cm x 30 cm environ

1 **Corps.** Avec le fil rose clair, montez des mailles sur les 36 picots du plus grand tricotin. Travaillez en tricot circulaire, au point mousse sur 35 tours. Coupez le fil à 30 cm environ et passez-le dans les mailles. Sortez l'ouvrage du tricotin et froncez les mailles. Arrêtez solidement sur l'envers, rentrez et coupez le fil.

2 **Bras.** Avec le fil rose clair, montez des mailles sur les 24 picots du plus petit tricotin. Travaillez en tricot circulaire, au point mousse sur 23 tours. Continuez par 6 tours corail, 6 tours bleus, 6 tours rose clair, 6 tours bleus, 6 tours corail, 6 tours rose clair. Sortez les mailles à l'aide d'un fil provisoire, puis arrêtez-les, comme expliqué page 18. Réalisez un deuxième bras de la même manière.

3 **Assemblage.** Cousez le haut des bras sur la partie froncée du corps en resserrant légèrement leur lisière. Remplissez le corps de bourre synthétique. Fermez le bas du corps en le fronçant. Remplissez les bras de bourre et cousez-les au bas du corps en resserrant légèrement la lisière. Au dos du coussin, cousez les bras au corps à grands points.

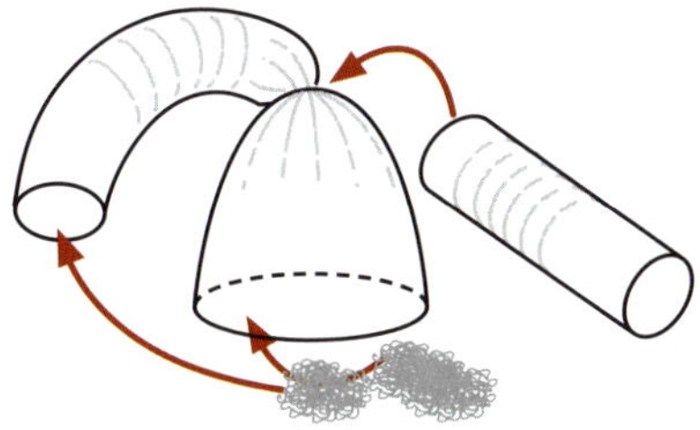

4 **Broderie.** Travaillez avec le fil mis en double et au point lancé. Placez les yeux et la bouche en vous aidant de la photographie.

Chaussons pour petits petons

Fournitures

Fil texturé, 100% polyamide, en pelotes de 50 g (80 m environ), pour aiguilles à tricoter n° 4,5 à n° 5, coloris corail et bleu : 1 pelote pour le coloris principal, une chute pour la broderie

Tricotin : modèle droit à 26 picots

Aiguille à laine

Crochet n° 3,5

Techniques

Tricot ouvert

Point de mailles torses contrariées (page 12)

Pointure

Naissance à 3 mois

1 **Tricot.** Montez des mailles sur 16 picots. Travaillez en tricot ouvert, au point de mailles torses contrariées sur 12 rangs. Passez un fil provisoire dans les mailles et sortez l'ouvrage du tricotin.

2 **Assemblage.** Pliez le tricot en deux en superposant les petits côtés de la bande. Cousez la lisière de montage (dessous du pied). Arrêtez les mailles avec le crochet n° 3,5, comme expliqué page 18 : le fil texturé ayant tendance à resserrer le travail lorsqu'on le crochète, veillez à procéder souplement pour permettre le passage du pied. Assemblez les petits côtés de la bande (talon du chausson). Rentrez et coupez les fils.

3 **Broderie.** Travaillez avec le fil mis en double et au point lancé. Formez une boule en la centrant sur le dessus du pied.

Réalisez un deuxième chausson identique.

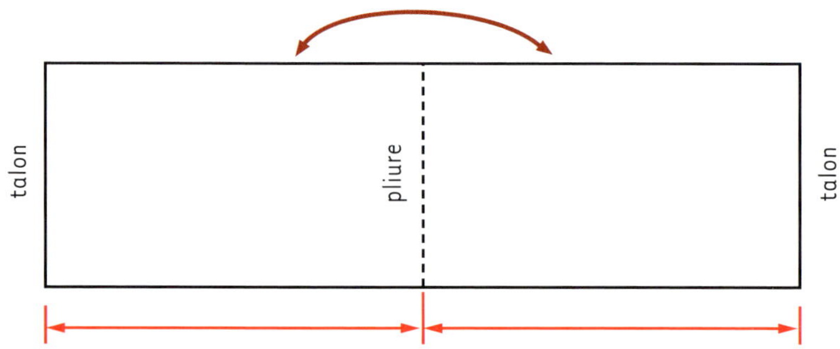

lisière de montage à plier et à assembler

Douceurs d'hiver…

Béret chic

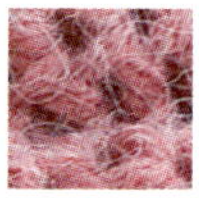
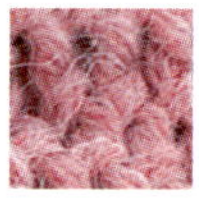

Fournitures

Fil 50% polyamide, 30% acrylique, 20% laine peignée, en pelotes de 50 g (160 m environ), pour aiguilles à tricoter n° 3 à n° 3,5, coloris rose : 1 pelote

Tricotins : modèles ronds à 41 et 36 picots

Aiguille à laine

Crochet n° 3,5

Techniques

Tricot circulaire

Point jersey (page 9)

Point d'alvéoles (page 12)

Tour de tête

51 à 54 cm

1 **Préparation.** Rembobinez la pelote de manière à mettre le fil en double. Sur le plus grand tricotin, montez une maille sur chacun des 41 picots.

2 **Coiffe.** Travaillez en tricot circulaire au point d'alvéoles sur 21 cm. Faites un dernier tour en mailles endroit.

3 **Fronces.** Coupez le fil à environ 30 cm et passez-le dans les mailles. Sortez l'ouvrage du tricotin et froncez les mailles. Arrêtez le fil sur l'envers du point. Rentrez et coupez le fil.

4 **Bordure.** En plaçant l'endroit du bonnet vers vous, remmaillez le rang de montage sur le tricotin à 36 picots : omettez une maille à intervalles réguliers pour répartir les diminutions. Travaillez en tricot circulaire, sur 6 tours au point jersey. Passez un fil provisoire dans les mailles et arrêtez-les, comme expliqué page 18. Rentrez et coupez les fils.

Joli cou !

Fournitures

Fil 50% polyamide, 30% acrylique, 20% laine peignée, en pelotes de 50 g (160 m environ), pour aiguilles à tricoter n° 3 à n° 3,5, coloris blanc : 2 pelotes

Tricotins : modèle droit à 62 picots et modèle rond à 36 picots

Aiguille à laine

Aiguille à coudre pour tissus épais et fil à coudre

64 perles transparentes de 0,8 cm de diamètre (le trou doit être suffisamment gros pour passer le fil de laine en double)

Crochet n° 3,5

Petite agrafe à coudre

Techniques

Tricot ouvert

Point jersey (page 9)

Dimensions de l'ouvrage terminé

Hauteur : 16 cm

Largeur : 38 cm

1 **Premier volant.** Travaillez avec le fil des deux pelotes en même temps pour doubler le fil. Enfilez 21 perles. Pour que cela soit plus facile, coupez 15 cm de fil à coudre, enfilez-le dans l'aiguille à coudre, nouez ses deux extrémités, puis glissez le fil de laine double dans la boucle de fil à coudre.
Sur le tricotin à 62 picots, montez une maille sur chacun des picots en répartissant les perles comme sur le dessin. Travaillez en tricot ouvert, au point jersey sur 20 rangs. Passez un fil provisoire dans les mailles et sortez le volant du tricotin, comme expliqué page 18.

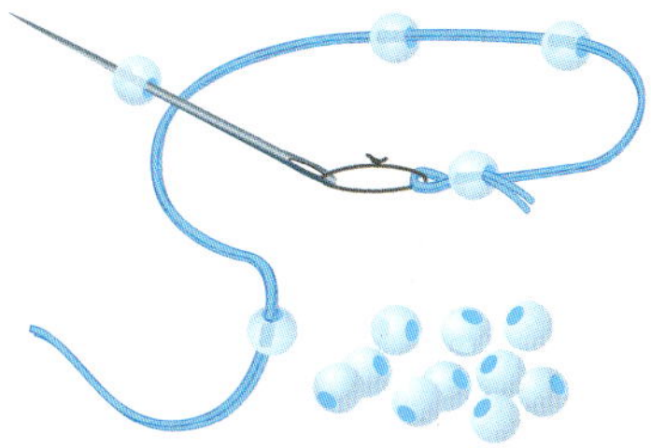

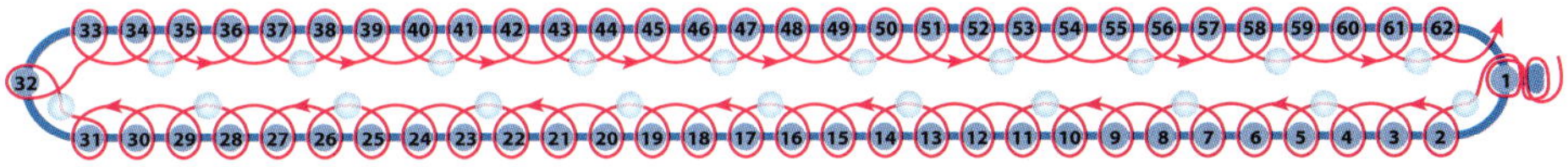

2 Deuxième et troisième volants. Procédez comme pour le premier volant, sur 15 rangs et sur 10 rangs.

3 Bas du tour de cou. Travaillez toujours avec le fil mis en double. Sur le tricotin à 36 picots, montez une maille sur chacun des picots. Travaillez en tricot ouvert, au point jersey sur 10 rangs. Avec le crochet, remontez la lisière de montage sur les picots pour réaliser un ourlet. Tricotez le rang suivant en prenant les 2 mailles obtenues comme une seule. Tricotez de nouveau 15 rangs. Passez un fil provisoire dans les mailles et sortez l'ouvrage du tricotin.

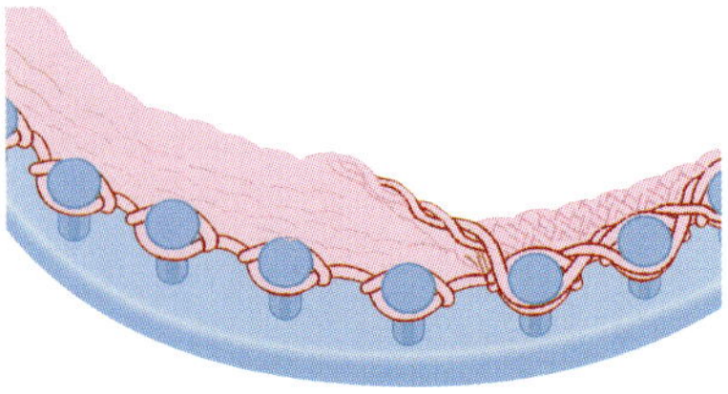

Ourlet du bas du tour du cou

4 Assemblage des volants. Sur le tricotin à 36 picots, replacez les mailles du premier volant de 20 rangs selon le dessin, l'endroit du travail vers vous.

Remontez ensuite les 36 mailles du bas du tour du cou, au-dessus des mailles du volant, en plaçant toujours l'endroit du travail dans le même sens. Tricotez 5 rangs en jersey : au premier rang, travaillez toutes les mailles présentes sur chaque picot comme une seule. Procédez de la même façon pour placer le volant de 15 rangs, puis tricotez de nouveau 5 rangs.

Procédez de la même façon pour placer le volant de 10 rangs. Tricotez 10 rangs. Passez un fil dans les mailles et sortez l'ouvrage du tricotin.

5 Ourlet du haut du tour de cou. Repliez la moitié des derniers rangs vers l'arrière, épinglez les mailles et assemblez-les au point arrière, comme expliqué page 19.

6 Finitions. Cousez l'agrafe sur le haut du tour de cou. Cousez la dernière perle en guise de bouton.

Variantes

Vous pouvez fermer le col sur toute sa hauteur en cousant trois agrafes à intervalles réguliers et autant de perles. Il transformera un pull à col rond de la même couleur en pull à col roulé glamour !

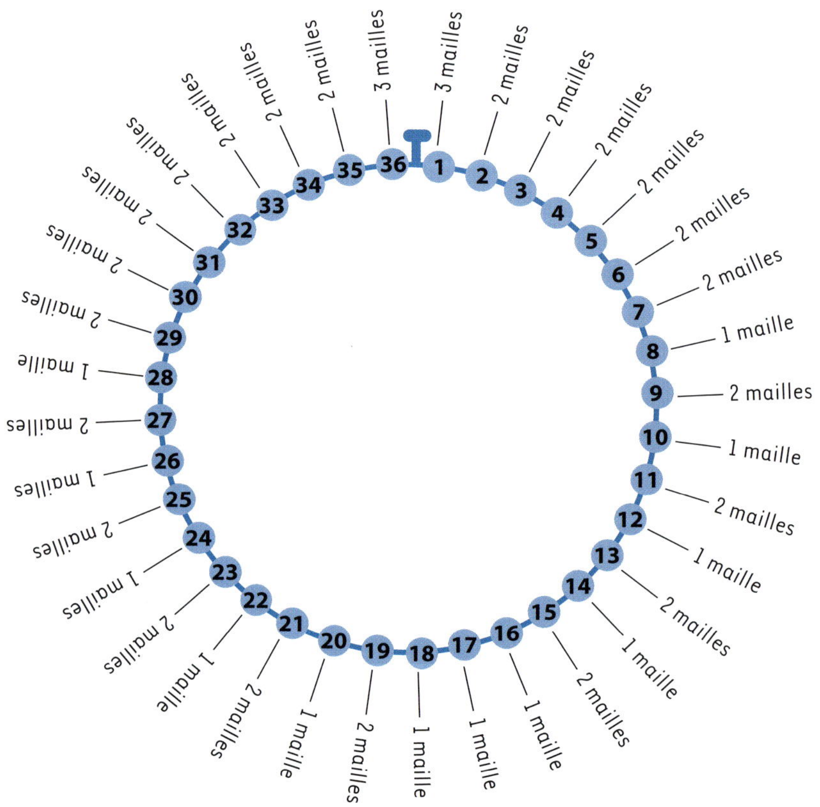

Chaleur et féminité

Fournitures

Fil duveteux 74% acrylique, 14% mohair, 9% laine, 3% lurex, en pelotes de 50 g (105 m environ),
pour aiguilles à tricoter n° 3,5 à n° 4, coloris chiné vert/écru : 4 pelotes

Tricotin : modèle rond à 31 picots

Aiguille à laine

Crochet n° 3,5

Techniques

Tricot circulaire et ouvert

Maille torse à gauche (page 10)

Point de mailles torses contrariées (page 12)

Diminutions (page 11)

Assemblages (page 19)

Taille

34/36(38/40)

Dans les explications, les indications données entre parenthèses concernent la plus grande taille.

Dimensions de l'ouvrage terminé

Longueur du corps : 60 cm

Longueur des manches : 51 (55) cm

Largeur du plastron : 40 (50) cm

Croquis page suivante

1 **Première manche.** Montez une maille sur chacun des 31 picots. Travaillez en tricot circulaire et en mailles torses à gauche sur 55 (60) tours. Laissez le travail sur le tricotin.

2 **Plastron.** Continuez en tricot ouvert sur toutes les mailles, au point de mailles torses contrariées sur 15 rangs.
Pour l'encolure, tricotez séparément les 15 premières mailles sur 28 (35) rangs, en laissant en attente les 16 autres mailles. Coupez le fil. Reprenez les 16 mailles laissées en attente et tricotez sur 28 (35) rangs. Reprenez le travail en tricot ouvert sur toutes les mailles et sur 15 rangs. Laissez le travail sur le tricotin.

3 **Deuxième manche.** Continuez le travail en tricot circulaire en mailles torses à gauche, sur 55 (60) tours. Sortez les mailles à l'aide d'un fil provisoire, puis arrêtez-les, comme expliqué page 18. Rentrez et coupez les fils.

4 Corps. Il est composé de quatre panneaux identiques. Montez des mailles sur 28 (31) picots. Travaillez en tricot ouvert, au point de mailles torses contrariées sur 20 rangs.
Au 21e rang, faites une diminution au début et à la fin du rang. Tricotez 10 rangs sur les 26 (29) mailles restantes.
Au 32e rang, faites une diminution au début et à la fin du rang. Tricotez 10 rangs sur les 24 (27) mailles restantes.
Au 43e rang, faites une diminution au début et à la fin du rang. Tricotez 10 rangs sur les 22 (25) mailles restantes. Passez un fil provisoire dans les mailles et sortez le panneau du tricotin.
Réalisez trois autres panneaux.

5 Assemblage. Cousez les panneaux deux par deux par une lisière, puis cousez les côtés. Assemblez les mailles ouvertes des panneaux au plastron : centrez la couture du milieu du dos et du devant et placez la couture des côtés au niveau des dessous de manches. Coupez et rentrez les fils.

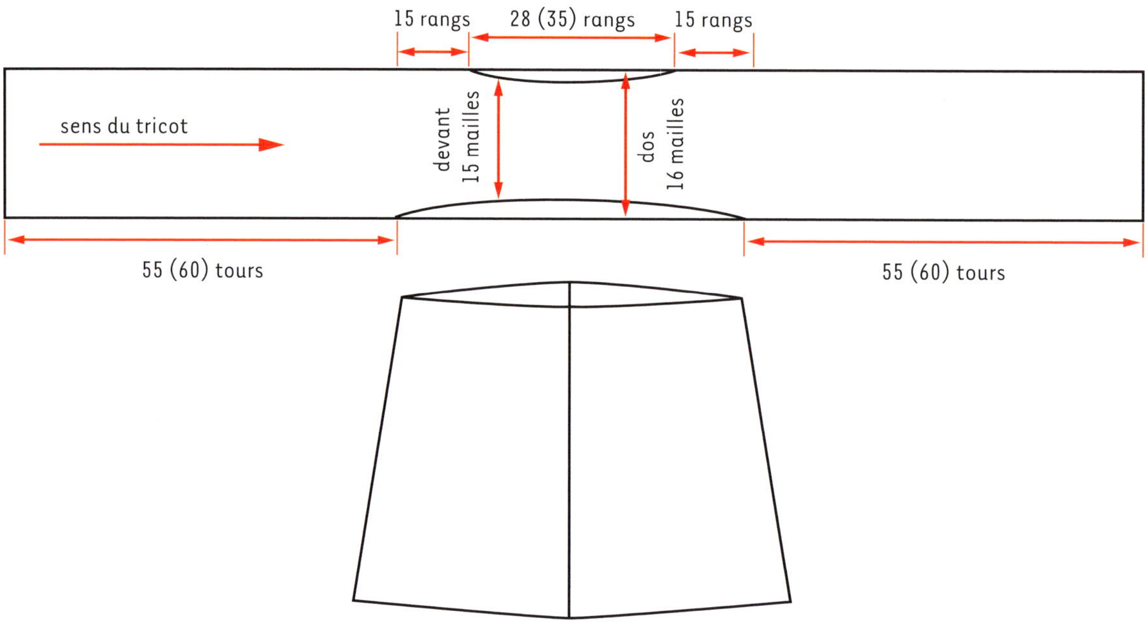

Bonnet glamour

Fournitures

Fil duveteux 74% acrylique, 14% mohair, 9% laine, 3% lurex, en pelotes de 50 g (105 m environ), pour aiguilles à tricoter n° 3,5 à n° 4, coloris chiné beige/marron : 1 pelote

Tricotins : modèles ronds à 24 et à 31 picots

Aiguille à laine

Crochet n° 3,5

Techniques

Tricot circulaire et ouvert

Maille endroit torse à gauche (page 10)

Point mousse (page 9)

Tour de tête

50 à 54 cm

Ce modèle souple est facilement extensible.

1 **Haut du bonnet.** Préparez une longue aiguillée de fil et laissez-la en attente. Sur le tricotin à 24 picots, réalisez une fleur en suivant les étapes 1 et 2, page 17. Passez le brin inférieur au-dessus du brin supérieur de chaque picot. Sans couper le fil de la pelote, formez le cœur de la fleur (étape 4, page 17) avec l'aiguillée préparée précédemment. Travaillez ensuite en tricot circulaire et en mailles endroit torses à gauche sur 5 tours.

2 **Tour de tête.** Passez un fil provisoire dans les mailles et sortez l'ouvrage du tricotin. Replacez les mailles sur le tricotin à 31 picots comme suit : une maille sur les 3 premiers picots, un picot vide, une maille sur les 4 picots suivants, un picot vide ; répétez cet enchaînement deux fois ; une maille sur chacun des 3 picots suivants, un picot vide. Travaillez comme précédemment sur 31 mailles et sur 8 tours : au premier tour, montez une maille sur les picots vides. Pour terminer, passez un fil provisoire dans les mailles et sortez l'ouvrage.

3 **Bordure.** Montez des mailles sur 4 picots. Travaillez en tricot ouvert, au point mousse sur 182 rangs. Coupez le fil de la pelote à 30 cm environ. Sortez les mailles du tricotin en passant le fil dans celles-ci. Froncez et maintenez par un point de couture. Rentrez le fil.

4 **Assemblage.** Cousez les mailles ouvertes du bonnet sur 88 rangs de la lisière de la bande, comme expliqué page 19.

5 **Fleur.** Elle est réalisée avec la longueur de bande restante. Froncez la lisière de la bande dans le prolongement de la couture d'assemblage, en prenant uniquement les brins de mailles envers. Enroulez la bande en spirale. Maintenez la fleur enroulée par quelques points. Cousez la fleur sur le début de la bordure. Coupez et rentrez les fils.

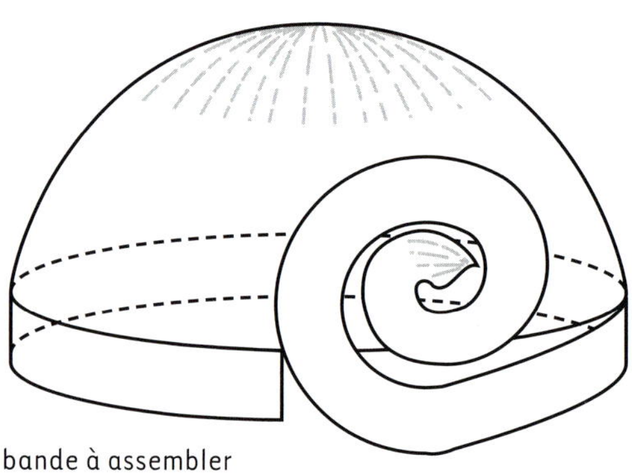

Délicat cache-épaules

Fournitures

Fil duveteux 74% acrylique, 14% mohair, 9% laine, 3% lurex, en pelotes de 50 g (105 m environ), pour aiguilles à tricoter n° 3,5 à n° 4, coloris chiné beige/marron : 2 pelotes

Tricotins : modèle droit à 62 picots et modèle rond à 24 picots (pour une taille 38/40) ou à 31 picots (pour une taille 42/44)

Aiguille à laine

Crochet n° 3,5

Techniques

Tricot ouvert et circulaire

Points de mailles torses contrariées (page 12)

Point mousse (page 9)

Tailles

38/40 (42/44)

Dans les explications, les indications données entre parenthèses concernent la plus grande taille.

Dimensions de l'ouvrage terminé

Hauteur au milieu du dos : 44 (50) cm

Largeur d'une bordure à l'autre : 80 cm environ

1 **Réalisation du corps.** Sur le tricotin à 62 picots, montez une maille sur chacun des picots. Travaillez en tricot ouvert au point de mailles torses contrariées sur 44 (50) cm. Sortez les mailles à l'aide d'un fil provisoire et arrêtez-les, comme expliqué page 18.

2 **Dessous de bras.** En vous reportant au schéma de la page 72, pliez la pièce en deux en superposant le rang de montage et le dernier rang. Cousez de chaque côté sur 16 (13) mailles.

3 **Bordure des bras.** Sur le tricotin rond à 24 (31) picots, en plaçant l'endroit du travail vers l'extérieur, remmaillez l'une des lisières fermées en anneau, comme expliqué page 19. Travaillez en tricot circulaire, au point mousse, sur 5 tours : commencez et terminez par un rang de mailles endroit. Sortez les mailles à l'aide d'un fil provisoire et arrêtez-les, comme expliqué page 18. Procédez de la même façon sur la seconde lisière. Rentrez et coupez les fils.

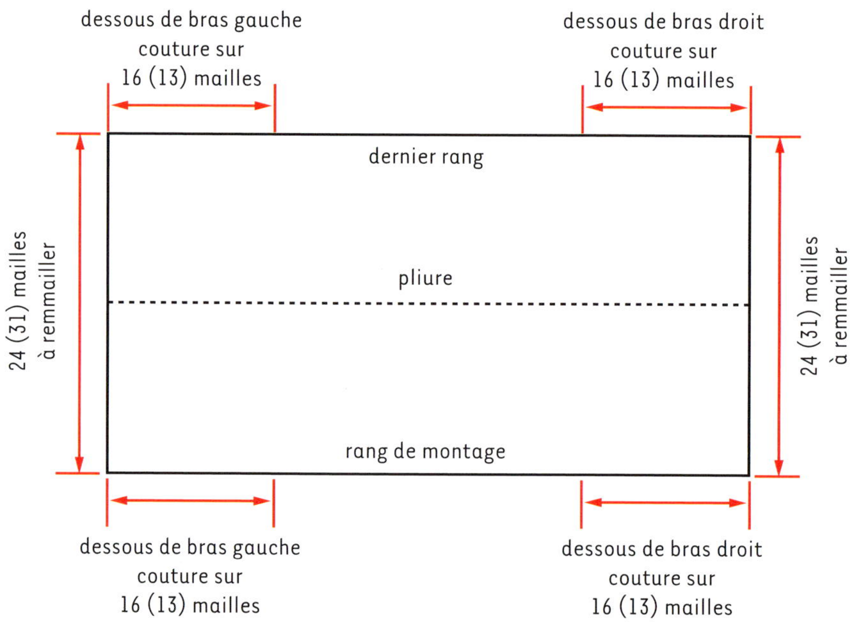

Châle en fleurs

Fournitures

Fil duveteux 51% acrylique, 34% mohair, 15% polyamide, en pelotes de 50 g (150 m environ), pour aiguilles à tricoter n° 3,5 à n° 4, coloris chiné gris/rose : 4 pelotes

Tricotin : modèles ronds à 41 picots, 36 picots et 31 picots

Épingles à tête

Aiguille à laine

Crochet n°3,5

Techniques

Fleurs (page 17)

Tresse (page 16)

Tresse-fourrure (page 16)

Dimensions de l'ouvrage terminé

Forme triangulaire de 115 cm de haut et de 140 cm environ au plus large

Schéma page suivante

Attention

Veillez à bien ôter toutes les épingles de l'ouvrage une fois l'assemblage terminé.

1 **Fleurs.** En suivant les étapes 1 à 5 de la page 17, réalisez 3 fleurs sur le tricotin à 41 picots, 9 fleurs sur le tricotin à 36 picots et 10 fleurs sur le tricotin à 31 picots.

2 **Assemblage.** Travaillez sur une grande table et assemblez les fleurs entre elles avec des épingles en suivant le schéma de la page suivante. Aux points d'attache, cousez les fleurs sur environ 6 mailles de lisière.

3 **Bordures.** Réalisez une tresse de 3 m environ pour border le haut du châle. Vérifiez la longueur sur le châle au fur et à mesure.

Réalisez une tresse-fourrure (boucles sur 3 picots) de 4 m environ pour border les côtés du châle. Vérifiez également sa longueur au cours de la réalisation.

Cousez les bordures sur les lisières des fleurs extérieures. Coupez et rentrez les fils.

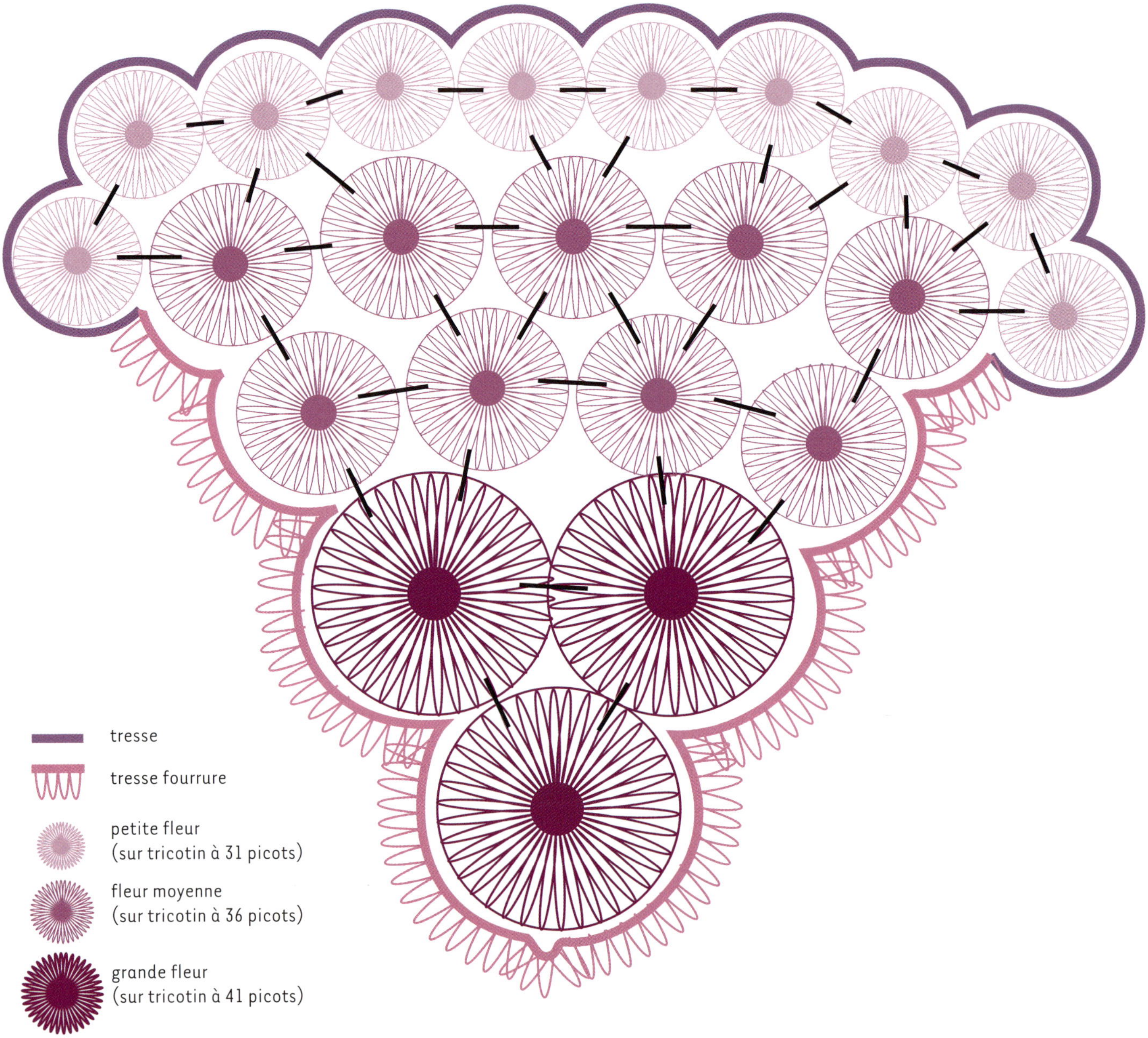
tresse
tresse fourrure
petite fleur
(sur tricotin à 31 picots)
fleur moyenne
(sur tricotin à 36 picots)
grande fleur
(sur tricotin à 41 picots)

BAD GIRLS

Fleur d'hiver

Fournitures

Fil duveteux 51% acrylique, 34% mohair, 15% polyamide, en pelotes de 50 g (150 m environ), pour aiguilles à tricoter n° 3,5 à n° 4, coloris chiné gris : 2 pelotes

Tricotin : modèle droit à 62 picots

Aiguille à laine

Crochet n°3,5

Techniques

Tricot circulaire et ouvert

Point de mailles torses contrariées (page 12)

Augmentations (page 11)

Hauteur de l'ouvrage terminé

43 cm environ

1 **Pointes du bas du tour de cou.** Montez 2 mailles. Tricotez au point de mailles torses contrariées, en augmentant d'une maille à la fin de chaque rang, jusqu'à obtenir 10 mailles. Pour finir, tricotez 2 rangs sur ces 10 mailles. Passez un fil provisoire dans les mailles, sortez la pointe du tricotin et laissez en attente. Réalisez 9 autres pointes.

2 **Tour de cou.** Remontez les mailles des pointes sur les picots du tricotin en vous aidant des schémas. Les pointes doivent être placées à l'intérieur du tricotin, l'endroit du point vers l'extérieur. Placez d'abord les quatre premières pointes du dessous, puis les six du dessus.

Travaillez en tricot circulaire en mailles endroit torses à gauche sur 35 cm : au premier rang, montez des mailles sur les picots vides et prenez ensemble les mailles des pointes superposées. Pour finir, passez un fil provisoire dans les mailles et arrêtez-les, comme expliqué page 18. Rentrez et coupez les fils.

3 **Fleur.** Réalisez 10 pointes comme pour le bas du tour de cou. Passez un même fil dans les mailles ouvertes de 5 pointes. Froncez et fermez en anneau pour former une corolle de pétales. Rentrez les fils. Procédez de la même façon pour les 5 autres pointes. Cousez les corolles l'une sur l'autre en décalant les pointes. Cousez la fleur sur le tour de cou. Si vous préférez, vous pouvez coudre une épingle de broche ou une épingle de nourrice au dos de la fleur.

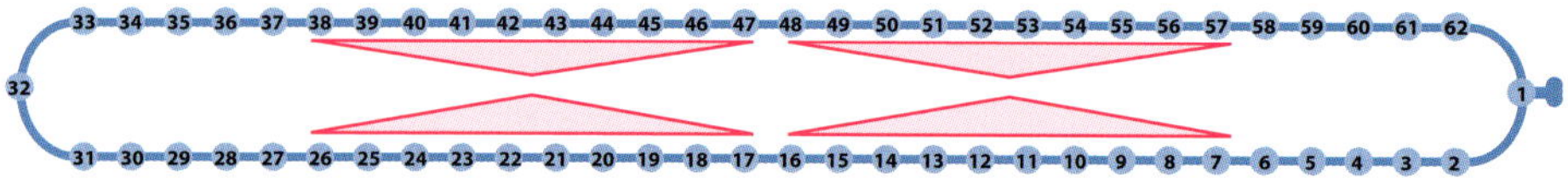

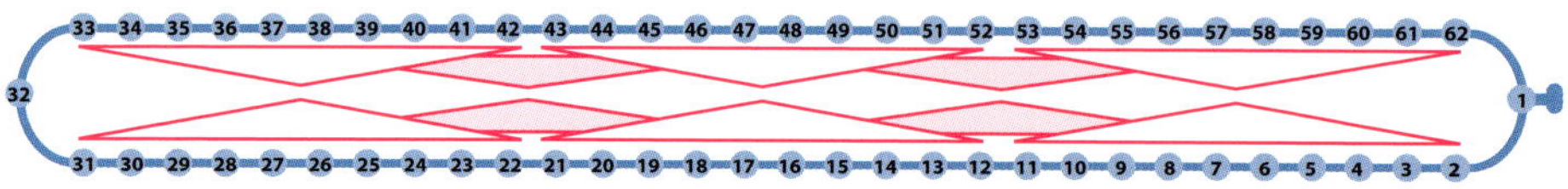

Douces mitaines

Fournitures

Fil duveteux 51% acrylique, 34% mohair, 15% polyamide, en pelotes de 50 g (150 m environ), pour aiguilles à tricoter n° 3,5 à n° 4, coloris chiné gris/rose : 1 pelote

Tricotin : modèle rond à 24 picots

Aiguille à laine

Crochet n° 3,5

Techniques

Tricot circulaire et ouvert

Côtes 2/2 (page 13)

Longueur des mitaines terminées

34 cm environ

1 **Bras.** Montez une maille sur chacun des 24 picots. Travaillez en tricot circulaire et en côtes 2/2 sur 58 tours.

2 **Passage du pouce.** Travaillez ensuite en tricot ouvert sur 5 rangs.

3 **Main.** Reprenez en tricot en circulaire sur 10 tours. Passez un fil provisoire et arrêtez les mailles, comme expliqué page 18. Rentrez et coupez les fils.